一個人，
更能活出自己的夢想人生。

You Can Live your Life, Even if Alone.

ひとりでも、君は生きていける。

金川顯教
Akinori Kanagawa

賴郁婷 譯

辭去大企業的工作「一個人」創業的理由

我的名字叫做金川顯教，今年三十二歲。

我曾經任職於規模號稱世界第一的德勤集團底下的會計師事務所（Deloitte Touche Tohmatsu LLC），公司員工約有六千五百人。

在這個巨大的組織中待了三年之後，我選擇辭去工作，獨自創業。

我的公司沒有事務所，也沒有任何員工，但是業績卻年年攀升，四年內就創下約九億六千六百萬日圓的營業額。

今年的年銷售額更是突破十億日圓，成績十分亮眼。

現在，我可以將自由的時間和金錢，花在想做的事情上，盡情享受「快樂的人生」。

這一路走來，我的人生策略簡單來說，就是堅持「一個人」的原則。

我想變有錢，擁有自由的人生

我出生在日本三重縣的三重郡，從小學開始就不愛念書，高中念的也是全縣倒數第三的當地學校。

學校的男生有九成都是不良少年，大家在畢業後要不就是留在當地工作，要不就是跑去念專門學校。也有人會選擇打工維生，或是跑去酒店上班。

我周遭幾乎沒有人繼續念大學。

恐怕大部分的人說到大學，也只知道「東大、早稻田、慶應」而已。

當時我就有一個夢想，想要「創業賺大錢，擁有富裕的生活」。由於父母離異的關係，家裡經濟狀況不好，讓我不得不放棄念音樂大學的目標。但是我知道，念大學是成功唯一的路。

只不過，當時的我偏差值只有三十五。在應屆考試中，只能念到只要報考就會錄取的大學。

渴望成功的我，最後選擇重考，將目標設定在早稻田和應慶等所謂的「知名大學」。

我告訴自己：「早稻田和慶應的偏差值差不多是六十到七十。必須要有相當的決心才行。要是我繼續跟高中同學鬼混，肯定會考不上！」

於是，我漸漸遠離那些原本整天混在一起的朋友，保持距離，不再往來。以考上大學為目標，一個人獨自面對重考的日子。

為了盡量遠離大家，我每天早上五點起床，搭車到名古屋的補習班上課。從早上六點一直拚命念書念到凌晨十二點。重考兩年的結果，最後只考上立命館大學的產業社會系。很可惜還是沒有考上早稻田和慶應。

即便如此，能夠從縣排名倒數第三的高中考上立命館大學，全校二十年來我是第一個。老師們都難以置信，為我感到開心。

甚至還有高中同學問我：

「立命館？那是什麼？」

「是大學的名字啦，在京都。」

就這樣，我離開二十年來熟悉的故鄉，一個人前往京都念書。

和快樂的「大學生活」徹底說再見

縱然考上大學很開心，但是接下來要面對的現實是「重考兩年」浪費掉的時間。比起當年應屆考上的同學，我已經晚了兩年。我很擔心這麼一來會找不到待遇好的知名企業工作。

「這樣不行，距離賺大錢的夢想會愈來愈遠。」我不得不改變計畫。

我決定報考有挑戰性的資格證照考試。我心想只要考取證照，日後找工作勢必會比較有利。

考量到將來想創業，最後我決定報考必須學習公司經營和商業模式的會計師執照。

我心想，當初因為太晚才決定考大學，所以花了兩年的時間重考。這次我一定要馬上採取行動，絕對不再重蹈覆轍。

於是，在大一開學之前，我就先報名了補習班課程。

決定報考會計師之後，我參考了許多他人的成功經驗。

我發現很多人都提到一點：「如果同時還要顧及大學課業，不可能考得上。」

畢竟這是錄取率只有百分之十，相當難考的資格考試。加上我本來就不是個會念書的人。

就連大學，也是卯起來拚了兩年才考上。

雖然這樣說有點不好意思，不過真要說的話，我覺得自己不是個聰明的人。

但是，我實在很想在大學期間就拿到會計師執照，因為我想把重考浪費的兩年時間彌補回來。

所以後來在大學選課時，我專挑只要考試就能拿到學分的課程來修。

至於大學生最多采多姿、開心快樂的校園生活，包括聯誼、社團聚餐、夏季海灘BBQ等各項活動，則一概放棄。

我開始展開以考取執照為目標的「一人作戰」。

我每天早上六點到學校，在沒有人的教室或圖書館，全神專注地準備會計師考試。由於身邊沒有人像我一樣想考證照，所以我一直都是一個人。

遇上一定會點名的課，我就挑最後面的位置坐，利用上課的時間練習考古題。

同學們大家成天拿著手機到處相約出遊，反觀我則是整天右手拿著筆，左手拿著計算機。因為要想考取會計師執照，必須學會快速而準確地按計算機，所以我無時無刻都在練習。

那段期間，我經常一整天沒有跟任何人說上一句話。

這樣反而讓我更開心。我只是沒有說出口而已，其實心裡一直都希望：

「拜託，請讓我自己一個人就好。」

倒也不是討厭同學，只是我的時間很寶貴，與其用來聊些沒有意義的話題，我寧願多花一分鐘實現自己的夢想。

每天下課之後，我就到補習班繼續念書。

大學整整四年，我過著跟當初重考的日子一樣，每天從早上六點不眠不休念書到凌晨十二點。完全沒有玩樂，也從不參加聚餐，每天就是學校、補習班和家裡三個地方跑來跑去。

我這麼認真努力，最後果然沒有白費。

我如願在念大學的期間就拿到會計師執照。

這一切都多虧了「一人作戰」的策略。

緊接著在大四的秋天，我錄取了國際知名企業Tohmatsu的工作。Tohmatsu的總公司就位於我完全人生地不熟的大都市——東京。

大學一畢業，告別了回憶只剩埋首念書的京都，我獨自前往東京發展。

放棄「國際名聲與高收入」的工作環境，朝「一個人」的世界深入

Tohmatsu的年收入以應屆畢業生來說就有六百萬日圓，三十歲之後可達到一千萬，四十歲之後更可望達到兩千萬。公司的社會信用度也很好，可以讓父母安心。雖然「創業」的夢想深深吸引著我，不過另一方面我也覺得，就這樣在公司一路往上爬或許也不錯。

在Tohmatsu的工作相當充實，獲得超乎想像的學習，甚至包括大企業的內部運作，以及如何經營一家公司的方法。剛進公司的那段時間，偶爾下班後我會和同事聚餐，也會為自己安排旅行。不過就在二十五歲那一年，我開始思考自己的人生。

「現在距離三十歲還有五年，要花這麼久的時間，才能達到年收入千萬。再加上這份工作實在太忙了，壓力也不小，每天都從早上九點一直忙到凌晨，甚至到了結帳日就連家也回不了。這樣自己的時間實在太少了。

對我來說，最重要的應該是自由和挑戰新事物才對。

現在的生活，真的是我想要的嗎？」

我每天不斷地問自己，就這樣過了一陣子，有一天，我得到一個結論：

「我還是想創業」

就在進公司第三年的十一月，我對自己做了這個決定，再度重新啟動我的「一人作戰」策略。

從那之後，我婉拒了所有同事和主管的聚餐。

每天早上從六點起床到抵達公司之前的時間，以及下班後到凌晨三點，我就一個人默默地埋首準備創業。

我也參加創業講座，開始透過聯盟行銷當副業，一點一滴慢慢存錢。

剛開始做副業的第一個月，收入只有兩萬日圓。過了五個月之後，單月的收益就超過四百萬日圓。不是一年，而是一個月的收益。

就這樣到了隔年四月，我終於辭掉工作了三年多的會計師事務所。

那時候，包括父母和同事在內，身邊的每個人都很反對。

「沒有比這份工作更能保障你將來的穩定了，你為什麼要放棄？」

只不過，這樣的說法完全沒有打動我。

因為我渴望的並不是大家所期望的「穩定」。

而是「改變」，是經濟上和時間上的「自由」。

我想全心全意去做我「想做的事」和「想挑戰的事」，用這種方式一步一步往上爬。

而不是配合大家的步調，一輩子做著我「不想做的事」。

我渴望自己能夠不斷成長。

上班族也適用「一人作戰」嗎？

這就是我獨立創業的過程。到了二〇一七年，我的事業邁入第五年。

第一年的年銷售額有四千五百萬日圓，毛利為三千九百萬日圓。

第二年的年銷售額有八千六百萬日圓，毛利為五千一百萬日圓。

第三年的年銷售額有一億三千五百萬日圓，毛利為五千六百萬日圓。

第四年的年銷售額為七億日圓，毛利為三億五千萬日圓。

除了財富以外，我也擁有了自由的時間。最重要的是，「我一直在做自己想做的事」。對於這樣的人生，我相當滿意。

回想起來，當我想達成什麼目標時，總是會遠離朋友、夥伴或組織，一個人朝著目標義無反顧地去做。

也可以說，一個人的時間和一個人的空間奠定了我的基礎。

在本書的內容當中，我將毫無隱藏地跟大家分享我是如何達到目標、擁有財富和自由，以及這一切背後最重要的「一人作戰」的方法。

我所謂的「一個人」，簡單來說就是「獨立的個體」，也就是擁有積極主動開拓人生的心態。

我雖然是藉由「一人作戰」成功獨立創業，不過這個方法也很適合推薦給一般的上班族。過去的上班族經驗讓我深刻瞭解到，即便是身處在企業當中，同樣必須具備「一個人」獨立的生存方式。

一般的公司企業存在著非常多讓人不由得覺得「為什麼我要浪費自己的時間做這種沒有意義的事？」、「我被分配到的這個工作，真的能夠為公司帶來利益嗎？」的工作。

這些工作有些其實背後有其重要的意義，或者很多時候正好相反，就如同大家所想的毫無意義。

假使不是每個人都能確實獨自做好分內的工作，只是毫無質疑地拚命把自己的寶貴時間奉獻給公司，等到意識到的時候，人生恐怕也已經結束了。

該是時候停止跟同事和主管打好關係了。

別再浪費自己人生寶貴的時間，把時間用來做自己真正想做的事吧。

就算不是跟大家一樣也不要緊，勇敢去追求你真正的夢想。

因為，這是你的人生。

如果各位也想擁有財富和自由，想活出自己，「一人作戰」的方法絕對可以幫你達成目標。

我衷心期盼可以藉由這本書提供給各位成功的秘訣，讓更多人如願活出自己的人生。

金川顯教

一個人，更能活出自己的夢想人生

Contents

Contents

Chapter 2
在人際關係中找到「一個人」的自由

Chapter 3

利用環境和時間讓自己變成「一個人」

Chapter 4 在工作上成為「一個人」

Chapter 5 一個人也能走出屬於自己的人生

Chapter 1

想成功，就讓自己成為「一個人」

01

「和大家一樣」毫無意義

說到「一個人」，可能大部分的人都有不好的印象，包括孤單、寂寞等。在社群媒體如此發達的現今社會，每個人都汲汲營營於關係的建立，會有這種感覺也實屬正常。

然而，我卻是以正面看待的態度，刻意讓自己保持在「一個人」的狀態。這可以說是我的人生一路走來最重要的原則。

正因為一直以來都堅持「一個人」，所以才有今天的我。

「一個人」不僅讓我能夠專注在學習上，也讓我考取會計師執照，甚至順利地獨立創業，獲得財富和時間上的自由。這一切倘若不是「一個人」，根本不可能實現。

不過，我並非從小就是「一個人」。

大概是在國二的時候，我才發覺自己漸漸變成「一個人」。那時候父母離異，我和父親及哥哥從此過著只有三個大男人的生活，自然而然開始覺得自己必須獨立，任何事情都得靠自己「一個人」。

我不清楚一般的家庭是怎樣，不過在我家，自從母親離開之後，一切都必須靠自己來。生活當然是靠父親一肩扛下，只不過相較於一般彼此依賴、感情親密的家庭，我們家的狀況比較像是獨立的父親和兩個獨立的孩子，共同生活在同一個屋簷下。感覺就像是心理層面被迫「只能獨立」一樣。

我的父親是個攝影師，開了家照相館。只是就算說得再好聽，生意也算不上有多好，頂多就是偶爾會有客人來拍紀念照，或是幫忙地方上的學校拍些活動紀錄罷了。

雖然父親沒有明說，不過當時已經是國中生的我，多少也清楚家裡的經濟狀況。所以我告訴自己：「如果不做點改變，將來一定很辛苦。想要活下去，唯一的辦法就是擁有自給自足的經濟能力。」

在當時，同學沒有人像我一樣是父母離異的，因此很多對大家來說理所當然的東西，就唯獨我沒有。例如父母親手做的便當。父親沒有時間每天幫我做便當，所以每到中午，全班大家都吃便當，只有我是自己買麵包來吃。

剛開始我也很羨慕，很想吃父親親手做的便當。不過很快地我就改變想法，告訴自己：「吃東西只是為了填飽肚子，只要能吃飽，就算不是便當也沒差，吃麵包也一樣可以活下去。」

這讓我意識到一個假設：

「和大家一樣」其實根本毫無意義，不是嗎？

後來，我慢慢確信這個道理，於是從此脫離「人群」，開始自己「一個人」。

我不否認家庭環境使我感到被迫「獨立」，當然也曾經為此感到痛苦和難過。只不過，以最後的結果來說，這樣的環境為我帶來了非常大的幫助。

因為，這讓我在國中就養成「心理獨立」和「獨立於人群之外」的習慣，知道「將來勢必一定要擁有自給自足的經濟能力」。這為我的人生奠定了最重要的原則——「就算一個人又怎樣」。從此之後，我的人生便不再受人左右。

Point

領悟「就算一個人又怎樣」的原則，人生不會再受人左右。

02

一旦遠離朋友，努力馬上有成果

「希望養成執行力」「努力始終看不到成果」。

這是很多追求成功的人共同的煩惱。針對這些問題，我自己的解決辦法其實很簡單，就是**離開當下的環境。換句話說就是離開身邊的朋友，讓自己變成「一個人」。這麼一來，命運將會徹底改變**。

以下是我考大學時的經驗。

我高中就讀的是三重縣四日市市的學校。雖然是公立高中，不過偏差值只有四十三，競爭率也只有零點九七，換言之任何人都能來念。學校裡有九成的男同學都是不良少年。當時我參加了學校的管樂隊，負責吹奏長號，一心夢想著有一天能夠成為音樂家。

我成天沉迷於其中，把課業完全丟到一旁。

就算偶爾去上課，也只是顧著念音樂理論，為音大入學測驗做準備。可是等到好不容易考完之後，我卻面臨到一個無法克服的阻礙，那就是我們家沒有錢。音大的註冊費和學費是一筆不小的金額，我很清楚家裡沒有能力可以支付這筆錢。當時父親也只跟我說了句「抱歉」。

失去將來目標的我，頓時陷入絕望中。不過，我知道自己再這樣下去將無法前進。由於我原本的夢想就是能夠成功賺大錢，並不是非音樂家不可，所以在讀了幾本書之後，我決定先「考大學」。

決定考大學之後，我又遇到另一個阻礙。

我壓根就不是一塊讀書的料。從小學到高中，我上課從來沒在聽，加上本來就不是很聰明，高三暑假全國模擬測驗的結果，我的偏差值只有三十五。

我拚命念書，但是成績始終不見起色。這是當然的，因為我連二十六個英文字母都背不完整，化學課聽到「H_2O」，我想到的卻是唱歌的「H2O樂團」，簡直就像個傻子。

我在當時的大學入學測驗中紛紛落榜，唯一考上的是一所只要有報名考試，繳交註冊費，任何人都能念的學校。

考上一所每個人都能念的大學，也可以成功嗎？

有能力的人當然無庸置疑，但是我沒有信心能夠辦得到，所以最後決定重考，一定要考上一所像早稻田和慶應一樣家喻戶曉的「好大學」才行。除此之外，我也做了另一個決定。

我讓自己盡可能從原本身處的環境中「消失」。

我和高中畢業後短暫交往的女友斷絕往來，也離開了朋友，離開老家當地。我斬斷一切關係，沒日沒夜地窩在名古屋的補習班念書，只有晚上才回到三重的老家睡覺。

要以偏差值只有三十五的程度考上早慶，除非有豁出去的決心，否則不可能成功。**假使繼續和以前的朋友往來，繼續安逸於同樣的環境下，永遠都不可能跳脫當下的處境。我告訴自己，既然要朝更好的目標前進，就要改變人際關係和身處的環境才行。**

雖然最後沒有考上早稻田和慶應，但是我考上了立命館大學。花了兩年的時間，我才終於達成目標。從此之後，在面對人生的轉折點時，我都會重演「消失」的戲碼，每一次都為我帶來顯著的成長，得手渴望的東西。

各位如果希望朝著比現在更好的目標前進，建議也可以嘗試這種方法，暫時從大家的身邊消失吧。

Point

想要得到成果，不妨改變身邊的朋友。

03

一個人努力就能
一個人擁有勝利

大家都在玩樂的時候，只要你一個人在努力。

自然而然地，你和大家之間就會產生差距，看得出成果。

大學四年的時間，或是當大家都安逸於工作的時候，就是你人生中「和大家拉開距離」的大好機會。

就像家喻戶曉的寓言故事「龜兔賽跑」一樣，當對方悠閒睡覺（玩樂）的時候，如果自己拚命學習，或是為達成目標而努力，最後絕對會獲勝。換言之，只要趁著大家在玩樂的時候，自己一個人腳踏實地地持續努力，最後絕對可以獨自勝出。這是肯定的。

念書的時候，我只參加過一次聯誼。在那一次的活動中，我就確信了這個道理。

我一考上大學就緊接著馬上投入準備會計師的考試，有一回，同學邀我一起去聯誼：「有一場和別校女大生的聯誼，地點在一家名叫『橡實』的居酒屋，你也一起來吧？」

面對這種邀約，通常我會馬上斷然拒絕。不過當時由於前一天的模擬考正巧考得不錯，心情非常好，又聽到「女大生」這幾個關鍵字，加上「橡實」是大阪燒很有名的居酒屋，讓我更加心動。來到關西這麼久，我一心只顧著念書，連道地的大阪燒都還沒品嚐過，所以我二話不說當場答應了邀約。

當天去了之後才發現，聯誼比我想像中更有趣，因為可以看見和自己截然不同的「一般大學生」的生活。

「你平常都喝些什麼？」

「烏龍茶跟麥茶。」

「我不是說這個啦，我是說喝什麼酒？」

「我平常不喝酒的。來到京都今天是第一次喝酒。」

「不會吧！我喜歡咖啡奶酒，幾乎每天都會喝唷。」

什麼是咖啡奶酒？原來還有這種酒啊，聽起來好像不錯，挺新奇的。接著我們又聊到花錢的話題：

「我前陣子買了泳衣和項鍊，你呢？你最近有買什麼東西嗎？」

「筆記本和螢光筆。」

「買那些要做什麼？」

「準備會計師考試用啊。我平時螢光筆用得很兇，差不多三天就沒水了。」

內容根本完全變調。我感覺大家對我來說就像是其他次元的外星人一樣，大家肯定也覺得我不像大學生吧。

當天的氣氛非常好，但是吃飽之後我就以「還要回去念書」為由，獨自先離開了。在回家的路上我心想：

「大學生也過得太悠閒了吧！」

於是我確定了一點，**雖然我因為重考晚了大家兩年，不過只要照現在的方式拚個四年，絕對可以趕上大家。甚至只要考取執照，反而會超越大家。**好！就這樣繼續一個人努力吧！

不只是大學生，就算出了社會，當身邊的人都安逸於工作的時候，就是你拉開差距的絕佳機會。

Point

當大家在玩樂的時候，只要自己一個人持之以恆繼續努力，就能獲得領先。

04

和普通人在一起，自己最終也只會變成普通人

我們經常可以聽到一個說法是：「把身邊三個親近的人的年收入加起來除以三，就是你該有的年收入。」假設各位在公司裡有三個要好的同事，你的年收入就應當要接近三人年收入總和的三分之一才對。

沒有錢的人會和沒有錢的人來往，有錢人會和有錢人來往。

這就叫做「物以類聚」。也就是說，價值觀或金錢觀相同的人，比較容易成為朋友。換言之，經常和普通人在一起，自己也會變成普通人。

普通人當然沒什麼不好，也有很多人在平凡的生活中找到幸福，那樣也「不錯」。只要自己覺得滿意，就是不容否定的正確答案。

只不過對我來說，平凡的人生不是我想要的。

我一直希望能夠嘗試創新，做「有別於他人的事情」，獲得成功，成為有錢人。所以**我一直刻意遠離散發平凡氣息的人群，說得更簡單一點就是所謂一般社會標準的價值觀。**

生活中經常可以感受得到這種標準價值觀的龐大壓力。

「和大家一樣會比較安心吧？」

「和大家一樣應該就對了吧？」

像這樣「多數決」的說法，如果一不小心，就會放棄堅持被牽著鼻子走。

經歷了兩年的重考，我終於成為大學生。開學典禮那一天，發生了一件插曲。

那一天，學校依照班級舉辦新生訓練。班上同學都對即將開始的大學生活感到興奮，「考完試終於可以徹底解放了！」「大學要做什麼？」「當然是好好玩四年啊！」每個人都沉浸在歡樂的氣氛中。

相較於大家，我因為比大家多耽擱了兩年，心裡只想著得想辦法趕上大家才行，否則可能連工作都找不到。

可是，看到大家雀躍的模樣，讓我不由得也開始萌生不一樣的想法：「我也花了兩年的時間才考上大學，玩個四年應該也沒差吧。」那一刻，我的內心產生了動搖。

眼前我有兩個選擇，一個是「花四年的時間準備會計師考試」，另一個是正好相反的「好好玩四年」。只有我能做出決定。

最後，我選擇了前者，也就是「準備考試」。

這是因為當我冷靜下來之後，發現自己無法融入班上的氣氛。

同時，我的內心也升起一股警覺：「如果和他們在一起，最後一定會變得跟大家一樣。真要變成好朋友就糟了！」

我意識到，自己可能會被感染上這種放鬆、歡樂的氣氛，到最後連想法也會被迫改變。

從那之後，我就放棄主動積極在大學交朋友了。

我認為，在交朋友的時候，或者是決定某個環境是否適合自己的時候，都應該要靠直覺問自己是否能融入其中？彼此是否存在著價值觀的落差？

或許有人會認為，刻意讓自己處在格格不入的環境中有助於成長。不過一直以來，我都是選擇遠離那樣的環境，所以才有今天的成長。

Point

不知如何決定時，就問問自己的內心「是否覺得格格不入」吧。

05

阻礙成功的五大風險——玩樂、手機、聚餐、異性、電視

為自己設定好某個遠大的目標之後，在成功達成之前，有幾項事物最好避免。那就是「玩樂」、「手機」、「聚餐」、「異性」、「電視」等五大項。

自從高中立志要考上大學開始，一直到重考，接著是會計師考試，我都刻意讓自己遠離這五大誘惑。因為我相信，一旦沉迷其中，肯定會賠上所有時間和心思。

要做到徹底斷絕可能很困難，假使如此，也可以選擇有意識地使用。光是這樣就會差很多。

首先是「玩樂」。**我偶爾會讀一些成功人士的著作，或是實際去拜會對方。我從未聽說過有人可以「邊玩邊達到成就」**。即便真的有，應該也是極少數被稱為天才的人吧。

至少我自己在考大學和會計師的時候，就是完全放棄玩樂，因為我不是天才。

第二個是「手機」。滑手機會佔據掉非常多時間，相信很多人都是這樣，原本只是想稍微看一下社群網站，等到回過神來，時間已經過了二、三十分鐘。我現在由於工作的緣故，平時會將手機開機，不過大學時我的手機幾乎都是關機的。

接著是第三個。大家一定常遇到朋友邀約一起去「聚餐」的情況吧。

聚餐也是一樣，原本預估一個小時的時間，最後都會花上兩三個小時，加上一旦開始喝酒，時間一定會拖更長。

面對聚餐的邀約，以前我一概婉拒，甚至直接表現出「不要找我」的態度，因此大家也不太會來找我。

第四個是「異性」。年輕的時候當然會想交男女朋友，以人生歷練來說，體驗過戀愛的感覺也不錯。大學時我也交過女朋友，只不過，我認為**會計師考試肯定不簡單，不可能每個星期約會三次還有辦法考得上**，所以當時選擇不讓自己完全沉浸在戀愛中。

至於要怎麼做？最重要的是對象的選擇，對方必須要是個能夠理解的人。

假使對方是個只想每天玩樂、一起去海邊玩的人，我肯定無法接受。我告訴自己，每個星期頂多只能約會一次，絕對不能妨礙到念書的進度。

當時我的女朋友對我十分理解，一直很支持我的目標，讓我非常感激。只不過相對的，由於見面的時間變少了，我也覺得對她過意不去。關於交男女朋友這一點，就留待後面內容再詳述吧。

第五個是「電視」。我是個喜歡待在室內的人，愛好看電視的程度可以說比起去海邊玩，我更想待在家裡看搞笑節目。**我自認只要一回到家，一定無法抗拒電視的誘惑，所以當初考大學和會計師的時候，我都盡可能不要待在家裡**。

我每天早上六點就出門，在K書中心或學校念書，直到凌晨十二點才回家睡覺。包括重考在內，這樣的日子整整持續了五年。

我只是剛好喜歡看電視而已，每個人沉迷的事物各有不同。有人喜歡看漫畫，有的人則是戒不掉電玩。

我靠自己改變面對嗜好的作法。

到頭來，要想達成目標，最重要的要能夠抗拒各種誘惑。方法唯有為自己打造能夠抗拒誘惑的環境。各位現在就立刻找出會導致自己離成功愈來愈遠的誘惑，思考一下該如何應對吧。

Point

列出會阻礙自己達成目標的事物，改變應對的方法。

06

遠離人群，增加「可運用的時間」

前一節提到的五大風險，為什麼會阻礙成功呢？簡單來說就是因為，這些都會佔用掉時間。

設定好希望達成的目標之後，例如考取資格證照，這時候最不可或缺的，就是「時間」。目標愈大，就更需要時間來念書、準備，或是一個人思考。

前述的五大風險當中，除了電視以外，其他四項只要斷絕和朋友之間的往來，基本上都可以迴避。和朋友混在一起，時間很容易就會一點一滴地流逝。

一起玩樂，一起聊著沒有意義的話題，一起沒完沒了地喝酒……

假使把朋友看得比任何事情都重要，倒還另當別論。但是如果想達到渴求的目標，就必須和朋友保持距離。

只要不再和朋友繼續鬼混，就可以多出很多時間。

把原本和朋友在一起的時間，全部運用在自己身上。

首先，第一步是面對自己。

自己想做什麼？

人生想追求什麼？過著什麼樣的生活？

把時間用來思考這些問題，盡可能找出具體的答案，人生會走得更順遂。

接著就能進入第二階段：針對自己的目標去閱讀相關成功者的自傳，或是實際和這些人見上一面。

統計學上有個說法，針對某個主題進行研究時，如果能夠取得三百至四百個範例，就能減少誤差。因此，當初我在準備考會計師的時候，就參考了三百位成功者的經驗。

我請教了學校的老師和成績優異的人，也直接向一同參加會計師事務所講座的人請教經驗，或是在網路上和書店找相關成功經驗的書籍來閱讀。

然後，第三個階段就是根據蒐集到的範例經驗，開始採取行動。

以我來說，就是開始念書，準備考試。

如果想讓自己的人生更上一層樓，根本沒有時間整天和朋友鬼混在一起。

有人會問：「自己一個人，難道不覺得孤單嗎？」其實正好相反。

一個人念書的時候，我反而覺得更安心。

畢竟大家都在玩，只有我自己一個人朝著目標一步一步往前進。一想到只要繼續這樣一個人努力下去，總有一天會成功，心裡就覺得很踏實。

我本來就不是個喜歡和大家在一起的人，但就算是喜歡熱鬧的人，只要堅持「一個人」，最後一定也會慢慢習慣。

有句話說「成功的人都是孤獨的」。確實是如此。只不過，我想應該很少有人會因為自己的「孤獨」而感到「孤單」。**因為已經完全沉浸在自己想做的事情當中，根本沒有時間感到孤單。**

那麼，各位是否也準備好遠離現在的朋友了呢？

Point

把時間留給自己去蒐集、研究他人成功的方法，並實際採取行動。

07

一個人就能活出忠於自我價值觀的人生

讓自己保持在一個人的狀態，有助於活出忠於自我價值觀的人生。

相反的，活在團體中有時價值觀會受到影響，進而失去人生的原則。

因為是一個人，所以擁有自由，就連目標也可以自己設定。因為是自己設定的目標，會有更強烈的欲望想要去達成。

前面提到，我在上大學之後就放棄和同學交朋友。這是因為我怕一旦和大家交朋友，他們所認定的常識，最後也會變成我的常識。例如：

「大學生就應該玩樂。」

「大學生就應該加入社團，和朋友徹夜喝酒。」

「大學生就應該趁著夏天一起去海邊狂歡。」

一旦和大家混在一起，很容易會受到這種想法的影響，稍不留意，甚至會漸漸覺得自己的想法不合乎常理，一不小心就被同化了。

不過只要遠離團體，就不需要配合任何人。既然是自己一個人，自己的想法自然就是「常識」。

「大學生不交朋友是應該的。」

「大學生就應該念書考取證照。」

不需要迎合身邊人的作法，可以完全依照自己的作法和常識去做，心情上也會比較輕鬆。

有些人擁有許多所謂「現充」（譯註：指現實生活充實快樂的人）的朋友。這樣的人，通常都是普通人，完全不像是成功的人。

朋友多也意味著彼此認同。

以我為例，我今年三十二歲，老家很多同學都已經結婚，生了兩個小孩，過著每個月零用錢只有一萬日圓的生活。

這些人都彼此認同。這是很棒的一件事。

只不過，我和他們不一樣，一點都不想對這樣的生活感到認同，也不想繼續待在這樣普通的環境中。

相反的，我非常渴望可以成為「獨一無二的人」。

所以，我盡挑大家反對的事情去挑戰。

而且最後做出成果來。

舉例來說，當年高中全校四百個畢業生當中，唯一一個重考的人就是我。甚至自創校以來「連續兩年重考」的人，也只有我一個。

大學時，在產業社會系的在籍學生當中，唯一一個考上會計師執照的人，也是我。

在大學裡，通常就讀經濟系和企管系比較有利於考上會計師。實際上過去也曾有經濟系的學生考到執照。系上會針對會計師執照的必考科目——簿記開設課程，所以可以邊拿學分邊準備考照。只不過，我並沒有考慮要轉系。

因為，我比較想要成為「獨一無二的人」。如果只是和身邊的人擁有相同的價值觀，到頭來只會變得跟大家一樣，無法成為獨一無二的人。

就算價值觀和大家不一樣也沒關係，只要是自己一個人，就算沒有配合周遭的人，也可以活出自己的價值觀。這樣的人生會快活許多。

Point

活出自己的價值觀，人生會更快樂。

08

在百年人生當中，最好可以有五年的時間是獨自一個人

本書的主題雖然是「一人作戰」，但是我的意思並非要大家「一輩子做任何事都是一個人」。

在某個時期，特別是將來充滿各種可能性的二十到四十歲之間，最好選擇一個人度過，看清楚自己的內在，思考自己想做什麼，然後全心全意努力去實現。

如此得到的收穫，將會無可計量。

我的外公是個漁夫，平時除了捕魚，他也透過投資房地產和股票賺了不少錢。小學時我還曾經收過一百萬日圓的過年紅包呢。我從小就深受外公的影響，希望將來也能擁有財富。雖然他現在已經不在人世了，但我心裡對他還是充滿尊敬。

外公說過不少讓我覺得很有智慧的話。

我把這些統稱為「外公的至理名言」。其中有句話是：

「人生最好有5％的歲月用來學習。」

他告訴我：「人生這條路意外漫長，假使活到一百歲，其中最好有五年左右的時間是用來學習。」

這番話讓我覺得很新奇，原來還有這種想法。

當年重考的時候，以及後來準備考會計師的時候，我也是告訴自己，現在是我獨自一個人的學習階段，不可以再只顧著跟朋友鬼混了。

如果單從眼前的狀況來和身邊做比較，或許會覺得孤單。然而，若是以自己的人生來看，或許就會覺得「不過就是五年沒有朋友罷了，也不算什麼」。

這段時間可以用來考取證照，打好人生基礎，或是達成自己設定的目標。以我的經驗來說，那是一段相當充實，而且有意義的歲月。

如今回想起來雖然辛苦，但是正因為有那段學習的歲月，我的人生才得以擁有堅固的基礎。

另外還有一句我很喜歡的「外公的至理名言」要跟大家分享：

「年輕時就算低潮個十年也不要緊。」

這句話聽起來和上一句很像，在漫常的人生中，就算有段時間跌入谷底，可是只要最後覺得「雖然曾經低潮，但是結果依舊美好」，一切都不算什麼。

換句話說，即便失敗了也不要耿耿於懷，要看的是整個人生，而不是一時。要告訴自己，**人生中就算有十年過得很辛苦，但如果剩餘的九十年是快樂的，那樣就不錯**。

即使失敗，即使經歷孤單的艱辛歲月，只要告訴自己這不過是人生的過渡期，沒有什麼是過不去的。

Point

從整個人生的角度來思考，眼前的辛苦都能一一克服。

09

成功之後，自然會遇見同樣成功的夥伴

本章一開始就建議各位要克制交友和玩樂的欲望，「一個人」努力達成目標。

這麼一來，會不會一輩子就都是「一個人」了呢？答案是否定的。

因為，只要利用一段時間提升自己，取得成功之後，就會遇見同樣是「一個人」的成功者，開啟彼此之間的交流。

這些人都瞭解「一個人」的美好，所以追求的是彼此尊重各自的「一個人」，而非過度依賴、親密的關係。

據說浮在海面上的冰山，其實只是其中一角而已，水面下還藏著十分巨大的冰山。各位可以想像成自己一個人從海底的冰山拚命往上爬，等到爬出海面，會發現上頭也有許多和自己一樣從海底爬上來的人。

這些人都擁有堅忍不拔的毅力，一起做起事來可望發揮相乘作用，更快達到目標，可說是通往成功的捷徑。

我從十幾歲一直到快三十歲為止，一直都是獨自痛苦地掙扎著。

但是現在，我認識了不少價值觀相近、優秀的商務人士，和他們一起在工作上努力。

只不過，我們並非無時無刻都一起行動。

我們的關係是建立在擁有遠大的抱負上。和他們相處讓我感到十分自在。

如今回頭去看，過去的環境總是讓我覺得格格不入。因為這樣，所以我才決定遠離那樣的環境。

例如當初念大學的時候。前面已經提過，我重考了兩年才終於考上大學。為了彌補比別人多花的兩年時間，我全心全意投入會計師考試。這時候，我發現自己無法融入身邊那些準備接下來好好享受大學生活的同學。

這種感覺，也同樣發生在大學畢業後，進入會計師事務所工作的時候。

德勤是國際四大會計師事務所之一，起薪就有年收入六百萬日圓，無論名氣和待遇都相當不錯。

不僅如此，只要在公司工作滿十五年，能力好的人，年收入甚至可望達到一千五百至兩千萬日圓。以一般上班族來說，可以說待遇相當優渥。

只不過，我在同事們的臉上卻看不到快樂。

德勤的工作量相當繁重，跟客戶談判也需要繃緊神經。理所當然的，每天的工作絕非盡是開心。公司同事每個人都是一路從國中、高中到大學就表現優異，也都擁有會計師執照，滿足於眼前待遇優渥的環境。但是另一方面，我相信很多人都是為了養家，為了守住眼前的安定，只好繼續忍耐這份辛苦的工作。

至於我，從小就不擅長念書，高中念的是偏差值低的學校，會計師執照也是卯起來拚了命才考上。對於從谷底爬上來的我來說，沒有什麼東西可以失去，會覺得格格不入說不定也很正常。

但是當我獨立創業以後，身邊認識的全都是跟我一樣從谷底爬上來的人，要不就是渴望更上一層樓的人。

和這些人在一起，我再也不會覺得格格不入。相反的，我們的價值觀相同，所以自然能夠成為工作上的夥伴。

只不過，說不定有一天，我又會對這個環境開始感到格格不入。真要是那樣，肯定是在提醒我該「往下一個階段邁進」了。

在那一天到來之前，我都會在現在這個舞台上全力以赴地走下去。

Point

你一定可以找到和自己有相同抱負的人。

- 保持「一個人」，可以讓自我價值觀變得更清晰。
- 主動遠離格格不入的環境，以及會阻礙成功的事物。
- 與朋友保持距離，腳踏實地地一個人努力，就能更快達成目標。
- 從整個人生角度來看，「現在」的辛苦都能一一克服。
- 一旦成功，就會找到和自己目標相同的「獨立的夥伴」。

Chapter 2

在人際關係中找到「一個人」的自由

10

不要想討好身邊的人，反而要當個被討厭的人

一知道自己考上大學之後，我立刻決定報考會計師執照考試。

如同前面提過的，我到補習班報完名之後的第一件事，就是開始拜讀他人的成功經驗。

既然已經決定要考執照，最有用的方法當然就是參考其他人的成功經驗，學習他們的方法。就像渴望成功的人會閱讀成功法則的書籍一樣。

在這些成功經驗當中，針對「成功考取執照的方法」都有鉅細靡遺的分享，包括睡眠與念書時間的安排等。

其中很多都提到一點：「大學的課不必太在意」、「要想同時兼顧大學課業和會計師考試是不可能的」。

總之，很多人的經驗都提到，不可能同時擁有充實的大學生活，並考取會計師執照。

順帶一提，據說會計師執照和司法考試、國家公務員I種被列為最難的三大國考，都不是享受歡樂大學生活的同時還能順利考取的考試。

可見要想錄取最難三大國考，不是容易的一件事。

我無論如何都想考取會計師執照，讀完其他人的成功經驗之後我決定，比起受大家歡迎，我寧可選擇當個會被同學討厭的人。

倒不是要刻意讓自己被討厭，而是我想當個大家會主動放棄來邀約的人。

這麼做全都是因為我想把時間留給念書，即便只是多一秒也好。

當個受歡迎的人，一定會經常被邀約一起吃飯或出遊。我不想面對這種情況。相反的，如果可以變成一個讓大家覺得「那傢伙就算了，不用找他了」的人，說不定我就能順利考取執照。

於是我開始執行我的計畫。

我總是獨來獨往，渾身散發出「別跟我講話」的氛圍。如果有一定會點名的課，我也會坐在角落，敲著計算機準備我的考試。

雖然我沒有直接問過同學，不過似乎真的有人討厭我。有一次英文課有項作業，必須以五人為一組進行討論，決定主題後上台發表。

我們這一組裡有個女同學，是個相當認真的人。討論的時候，她看見我的桌上擺著會計師考試的書，便很生氣地對著我說：「英文課就是英文課，那種東西等下課後再去念！」

當時我回答她：「我是真心想要考取執照，所以比起上英文課，我寧願練習計算機。」結果引發了一場爭執。

由於我說什麼都堅持不改態度，最後那位認真的女同學也放棄想說服我了。

那是唯一一次實際引發爭論。

從此之後，只要我不配合，大家也就放任我不管了。

就這樣，我在大學才終於能夠專心準備會計師執照的考試。

Point

讓自己成為大家眼中「別管那傢伙」的人。

11

在成功之前，完全不要在意父母的意見

挑戰任何新事物的時候，一定會有反對的聲音。

尤其父母的反對更是激烈。一般來說，父母都希望孩子能夠「穩定」，唯有孩子「和大家一樣」才會放心。因此，當孩子的夢想稍微和別人不一樣，或是決定選擇不同的道路時，父母通常會全盤否定，反對到底。

高中時，我希望以後可以成為音樂家。這樣的夢想當然招來父親的反對。

「你將來要靠什麼過活？」

後來，當我想重考大學時，他說：

「你又不會念書，考得上嗎？」

出社會以後，當我想辭掉工作的時候，他又說：

「你這麼努力，好不容易才得到這麼好的工作，辭掉太可惜了吧！」

總之我做什麼他都反對。

這或許是因為我總是好高騖遠的關係吧，沒有任何音樂知識就想成為音樂家，偏差值才三十五也夢想考上早慶。這也難怪父親會覺得我辦不到。

我當然知道他的反對是為我著想，所以心裡也很感激。

只不過，夢想是靠自己去實現的。這是我的人生，不是他的。

基本上來說，父母的反對就當作沒聽到就好，尤其是在做重大決定的時候。

不只是父母，有時候學校的老師，甚至朋友也會有反對的意見。

這種時候，我通常只注意三個重點：

「不妄信」、「不懷疑」、「確認清楚」

簡單來說就是「不要盲目聽從周遭的意見」、「不要懷疑自己的想法」、「親自確認、瞭解」。

在我大學想報考會計師的時候，同學們都告訴我：「會計師執照很難考欸，你應該考不上吧？」「而且你大學都重考兩年了，不可能考得上會計師吧？」

但是事實真的是他們所說的那樣嗎？實際上是否能考上，誰也不知道吧。

只要遇到不知道的事，我都會親自去找答案。

根據其他成功考取會計師執照的人的經驗，「只要努力準備，一定能考上」，「雖然一面念大學一面準備考試很辛苦，不過只要全心全意去準備，就能考上。」甚至有個部落客還提到：

「國家考試是個公平的制度，題目通常都是為了有確實準備的人而設計的。如果只有具備才能才考得上，根本不需要刻意舉辦國考。」

我十分認同這樣的說法。於是我告訴自己：「既然只要去做就能考上，那就好好地念吧！」後來，我把握每一分可以念書的時間，放棄玩樂，腳踏實地做好每一項準備，最後果然順利考取執照。

一旦有目標，想獲得成功，這時候可以相信的人，就只有自己。

如果覺得擔心，就自己去找出答案。假使被周遭那些沒有根據的意見牽著鼻子走，永遠都無法付諸行動，更別說是成功了。

Point

要想達成目標，最重要的是相信自己勝過任何人。

12

成功的關鍵在於「不看」、「不聽」、「不說」

獨自一個人朝著目標努力的時候，在人際關係的處理上有三個重點：

- **不看**
- **不聽**
- **不說**

首先是「不看」。身處在大學或企業組織等團體中，假使擁有個人目標，就沒有時間去顧慮大家在做什麼。無論大家邀約去喝酒聊天或其他玩樂，都跟自己沒有關係。只需要專注在眼前的目標，不必在意身邊的人在做什麼。

接著，「不聽」指的是當一個人朝著目標努力的時候，就不要去聽周遭的意見。或許會因為出於擔心，身邊的人通常會有許多意見。

當初我在辭掉會計師事務所工作的時候，主管和同事們都紛紛表示慰留。

「為什麼要離開？失去你這麼優秀的員工，可是公司的損失哪！」

「這個社會瞬息萬變，我們公司相對穩定，根本不用擔心啊。」

「自己創業如果失敗了怎麼辦？你確定要這麼做嗎？」

如果將這些全都一一聽進去，內心可能會因此產生動搖。

一旦決定之後，無論身邊的人怎麼說，都要付諸行動。唯一要聽的，只有自己內心的聲音。那個時候，我的內心告訴我：

「在大企業工作，薪水穩定，不算是成功。對我而言，成功是擁有自己的時間及財富。所以我決定辭掉工作，往人生的下個階段前進。」

最後一點，也是最重要的一點：「不說」。我的原則是「只做不說」。基本上我做事情通常不會跟身邊的人說，而是直接行動。

因為說得愈多，只會招來更多的反對意見。

原則上來說，當下所屬的環境，基本上都是程度相當的人。當下身邊的朋友，也都是和自己差不多程度的人。

一旦自己表示想一個人脫離原本的環境，「往更好去發展」的時候，這些人當然會反對，試圖慰留。

「你辦不到吧」、「還是再考慮一下好了」。人一旦受到反對就很容易產生動搖，所以最好的辦法就是乾脆不說，直接去做。

前面也提到，我的父親也經常反對我的決定。所以，當初我是先遞出辭呈之後，才告知父親：

「我辭掉工作了。」

父親相當震驚，立刻就從老家的三重縣趕來東京。這也難怪，因為我重考了兩年才考上大學，又拚了命考取會計師執照，好不容易才找到一份穩定的工作，如今卻只做了三年就辭職。不過，經過三個多小時的認真長談之後，父親終於能夠理解我的決定，要我「好好加油」。

我這才終於能夠放心地朝創業的路前進。

「不看」、「不聽」、「不說」的策略對於貫徹自己的意志來說，同樣也非常有用。

Point

只做不說，就不會招來他人的反對。

13

建立人脈只是在浪費時間

勉強自己花時間去交朋友或建立人脈，只是浪費時間的行為罷了。**因為人脈這種東西不是靠建立，而是自然形成的。也就是說，人只要不斷成長，自然會吸引他人靠近。**

我在大學和會計師事務所的時代，乃至於後來的創業，都遇到很多人告訴我「人脈很重要」。許多傳授成功法則的書裡也都會提到：

「學生時期要多多藉由參加社團來建立人脈」、「多參加跨業交流活動」。

但是我對這些完全沒有興趣，就算參加，肯定也不會有什麼好結果。甚至即便認識了更多人，也不會為我帶來任何好處。

假設每天無所事事，只會虛度光陰，或許真的應該參加。如果不知道自己想做什麼，希望藉由參加來獲得想法，說不定真的可以找到什麼靈感。甚至如果覺得一個人很孤單，這些場合說不定可以讓人暫時擺脫寂寞。

但是，如果是像我一樣已經知道自己想做什麼的人，我認為就沒有參與的必要。把時間花在那種地方，倒不如用來念書和工作，或是獨處還比較有意義。

根據我過去的經驗，雖然沒有刻意建立人脈，但是透過一點一滴不斷累積小小的成就，自然而然會吸引人靠近。

假設真的要透過活動建立人脈，我應該會把人分成三大類：

①和自己程度相當的人

②程度劣於自己的人

③程度優於自己的人

其中會讓我想交朋友的，大概只有第三類「程度優於自己的人」吧。只不過，要是自己的程度趕不上對方，恐怕對方也不會有興趣。

想和初次見面、充滿魅力的人交朋友，如果自己不是個有魅力的人，對對方而言可以說毫無結交的價值。

奉勸各位，最好不要天真地想藉由建立人脈來提升自己的程度。正確的方法應該是先提升自己的程度，然後再去結交朋友。

如果自己不努力，只想認識優秀的人，和對方建立關係，一定會很辛苦。

只要找出自己吸引人的長處，例如說話風趣、擁有全國數一數二的厲害技能，或是對世界各地的美味餐廳瞭若指掌等，說不定也能為自己帶來人脈。

先花時間提升自己的能力

在職場上也是一樣，新進員工當然不可能和主管階級變成好朋友。當初在會計師事務所的時候，公司裡年輕優秀、隨時充實自我實力的人，自然深受大家歡迎，人人都想跟他變成朋友。

相反的，當時那些疏於培養自我實力，一心只想建立人脈的人，如今則是毫無成就。

換言之，**與其花時間建立人脈，應該「一個人」好好努力，把時間用來提升自我價值。**

一旦具備實力，大家自然會靠近。

有能力的人、風趣的人，才會吸引人靠近。

在建立人脈的場合上，很多人都會為了蒐集情報，或是瞭解自己陌生的事物而參加。但是基本上，聽來的事情，通常很快就會忘記。

就算要參加，最好也要自己先讀過書，有所瞭解。也就是說，不是抱著請教他人的心態去參加，而是因為有不懂的事，所以去聽聽別人怎麼說。

如果是抱著「我不知道該怎麼做，請你教我！」這種「索取的心態」去參加，一點意義也沒有。即使對方好心相授，自己也不會有任何改變。

如果希望得到什麼答案，至少應該自己先認真做過瞭解和思考。毫無目的、只是盲目地想建立人脈，這種作法毫無意義。

我自己本身並不喜歡聚餐或聯誼活動這種場合，打從創業以來，就幾乎再也沒有參加過了。

因為人在順遂的時候，若是得知過量的情報，有時反而會讓人失去方向。

只不過，偶爾我還是會參加。只有當我在不知道接下來該如何更進一步提升自我的時候，若是正好遇到創業前輩邀約一起聚餐，自然會引起我的興趣。

這種時候，通常最後都能收穫滿滿。

經常參與這類活動只會耗費更多自己的時間，因此在順遂的時候，我想就沒有必要勉強自己去參加了。

至於如果是想找靈感，比起聯誼活動，讀書會或許是個更好的選擇。

Point

人脈不是靠建立，而是自然而然形成。

14

斷絕社群軟體和網路的方法

在上一章提到，手機是阻礙成功的五大誘因之一。

既然如此，到底該如何運用手機呢？

LINE、Facebook、Instagram等社群軟體，由於大家都在使用，難免會讓人不禁也想跟進。這種心情我瞭解，只不過，如果有想達成的目標，最好還是斷絕使用這些社群軟體。或者是嚴格限制使用時間，其餘時間一律把手機關機，並且拔掉電腦電源。

話再說回來，只要懂得謹慎挑選朋友，使用社群軟體的機會就會大幅降低。

網路有助於取得當下最新的資訊，也可以搜尋想瞭解的事物。或者是想和朋友取得聯絡，透過網路也可以輕鬆辦到。

只不過，長時間上網或使用社群軟體，並不表示就可以獲得符合時間效益的收穫。

因此我的原則是：

「比起上網和使用社群軟體，人生應該還有其他可以做的事。」

況且，上網也會在不知不覺中吸收自己想瞭解的訊息以外的資訊，造成認知扭曲，甚至是愈來愈沒有自信。

舉例來說，明明原本相信許多成功考取會計師執照的人所說的「只要好好準備，每個人都考得上」，但是卻因為某個部落客的發言：「到頭來，這根本就是個只有聰明的人才考得上的考試」，很多人便開始覺得自己一定辦不到。像這種負面消極的意見，或者是說這些話的人，都是阻礙夢想實現的「夢想殺手」。

我現在工作也會使用手機，所以並不是完全不用。但是，我會有意識地使用，隨時提醒自己別把時間花在手機上。基本上還是「盡量不滑手機」。除此之外，我也給自己制定了幾項使用原則：

- **只有在回覆LINE的訊息、上網做簡單的搜尋、Facebook發文及閱讀電子書的時候才開機。**
- **開機之前先確定目的和想搜尋的資料。**
- **不針對在工作上沒有關聯的人所發表的貼文按「讚」或回應。**

有些人或許會質疑，上網找資料哪有「簡單」這回事。

事實上，網路基本上充斥著過多的資訊。

當螢幕上出現大量和自己應該知道的訊息無關的資訊時，注意力很容易就會被吸引。

就算原本只打算看個五分鐘，最後不知不覺地三十分鐘，甚至一個小時就這麼過去了。除此之外，錯誤的訊息也非常多。

包括許多自己無法判斷真偽的訊息。

所以，對於想徹底瞭解或學習的事物，我通常會選擇直接購買內容正確性值得信賴的書來閱讀。

再說，由於使用手機的緣故，時常會收到朋友邀約一起玩樂，或是在網路上結交不認識的人。這些最後都會導致浪費太多時間。

我敢說，在「創業」、「準備考試」或「學習技能」的時候，有滑手機習慣的人，通常都不太順利。非但如此，手機反而是邁向成功的一大阻礙。

大家不妨花點時間，重新思考如何聰明使用手機吧。

Point

給自己制定使用手機的原則。

15

現在馬上就跟時時刻刻都想在一起的男女朋友分手

如果想在四十歲之前就擁有成功人生，一定要有覺悟，要求自己在得到期望的結果之前，一律「禁止戀愛」。

人在感到孤單的時候，很容易會想尋求異性也好，同性也好，或是另一半的存在。然而，現實世界沒有那麼簡單，整天和男女朋友膩在一起、同時還能成功這種事，絕對不可能發生。

這是因為約會和使用通訊軟體會漸漸佔據時間和心思，導致在追求目標上變得怠惰。

不過，如果真的有想追求的對象，試著去交往也是一種方法。我自己就是這樣，在大學準備考會計師執照的時候，就有一個交往了三年多的女朋友。所以事實上我也沒有資格說大話（笑）。

只不過，當時雖然有女朋友，我還是堅持保持「一個人」，最後成功考取執照。之所以辦得到，是因為我挑對對象。**不只是戀愛對象，在追求目標的時候，所有往來的人，都會是成功與否的關鍵**。

什麼樣的對象才算好呢？簡單來說就是「能夠理解你的人」。

或者也可以說是會尊重讓你保持「一個人」的人。

根據我大學在補習班觀察同班同學的結果，如果交的男女朋友「每天都想約會」或是「要求對方隨叫隨到」，這些人最後都不會考上。

對方如果是個無法理解的人，自己只會被牽著鼻子走。

一旦受對方的影響太深，就沒有辦法做自己想做的事情了。人在想念書或全心打拚工作的時候，難免只會想到自己。如果對方無法理解這一點，兩個人交往起來就會變得很辛苦。

假使無法選擇這樣的人交往，社交生活將會全部泡湯。

有些女生會問：「工作（念書）和我，哪一個重要？」

遇上這樣的女生要特別小心。

因為這根本是不能比較的兩回事。

如果是問「A和我哪一個重要？」，或許還回答得出來，因為兩個都是人。但是，工作和女朋友根本無從比較，因為是不同的東西。

尤其像我總是工作優先，更是無從選擇。所以換成是我，應該會回答「兩個都重要」。

「在達成目標之前嚴禁戀愛」只是基本原則，意思並非要大家一輩子都一個人，永遠不要談戀愛。

在人生的某個階段先保持「一個人」，全心全意努力打拚，等到事業穩定之後，不管是要談一場轟轟烈烈的戀愛，還是要結婚都可以。

我也夢想將來有一天，下班回家之後可以跟孩子玩，週末帶著全家一起外出用餐，品嚐美食。

只不過現在還不是時候，因為我還想全心打拚事業。

各位只要問自己「現在什麼對自己最重要？」就行了。

假使答案是「打拚事業」，最好就先和會佔據時間的戀愛保持距離吧。

Point

在追求成功的過程中談戀愛，最重要的是選對對象。

16

想要在一人作戰中勝出，方法就是降低自我評價

「一人作戰」的原則就是斷絕人際關係，一心一意朝著目標全力以赴。

這裡所謂的「一人作戰」，指的是在大家都沒有在做的時候，自己一個人認真埋頭努力。就如同前面提到的，大家都沒有在做的時候，就是自己勝出的最好時機。

我在準備會計師考試的時候，幾乎每天都是一早就六點起床，一直念書直到凌晨十二點，甚至是一點，完全沒有休息。

我念的大學一學年約有八千個學生，我敢說自己應該是裡頭念書最認真的人，是八千人當中的第一名。

有哪個大學生像我一樣，每天早上六點起床就開始念書的？

我不認為有這種人。大家一定都是騎車出遊、喝酒聚餐，或是跟男女朋友約會直到半夜，隔天一早爬不起來。早上六點根本是睡得正香甜的時候吧。

我偶爾會想到這些人的生活：

「你們就這樣盡量玩，我趁這個時候一個人努力，把重考耽擱的兩年時間追回來！」

只要趁大家都在玩樂的時候努力，我就能不戰而勝。也就是說，這是我一個人的勝利。

為什麼我可以在大家玩樂的時候這麼認真努力呢？

那是因為我認為自己「沒有什麼了不起」。即便現在也是如此。

當年我在應屆大學考試中落榜，所以花了一年的時間拚命念書。好不容易將自己的偏差值提升至將近六十。

我告訴自己「今年一定考得上！」。

結果沒想到全數落榜，早稻田、慶應、明治、青山、立教、法政、中央、關西、關西學院、同志社、立命館，沒有一間考上。

重考的第二年，我同樣卯起來念書。

事實上，當時我同樣一間也沒有考上。就連立命館大學，在第一次的全國會考中，我也沒有考上。

直到第二次的各校後期測驗中，我才以滑壘的成績考上立命館大學。

大學三年的時間，我非常認真地準備會計師執照的考試，以為這樣應該考得上。結果，我還是失敗了。

為此我沮喪了好一陣子。後來第二次挑戰，才終於考上。

我總是得努力嘗試好幾次，最後才能勉強成功。

所以我無時無刻都告訴自己「得更努力才行」。

正因為我心裡非常清楚「自己沒有什麼了不起」，所以才有辦法一個人努力。說好聽是謙虛，說難聽一點，其實是自我評價低。

在這個社會上，有些人認為提高自我評價、強化自我肯定感，做起事來才會順利。

不過，我自認為「自己沒有什麼了不起」，所以得更認真努力。

而且我也會想：「如果現在不努力，將來會變成怎樣？」

例如**「我真心渴望擁有自由，但是假使現在不創業，這一輩子直到退休之前，就只能過著期待週末才能自由的生活」**。

一個人努力的時候，最有用的啦啦隊，就是自己了。

在努力的過程中鼓舞自己的方法，除了「降低自我評價」以外，我想其他應該還有很多，各位不妨找出最適合自己的作法吧。

Point

能夠打從心底真心為自己加油的人，只有你自己。

17

「一個人努力」的認真背影會令人刮目相看

聽到我說自己大學時期有大半時間都是「一個人」，或許各位會以為我是「被排擠」、「被孤立」。事實上，當時我的狀況絕對沒有遭受「排擠」或「孤立」。

我在大學的時候總是散發著「別來找我」的氣息，希望盡可能降低自己的存在感。但是，可能因為全班只有我一個老是不上課，一心只想考上會計師執照，反而變得特別顯眼，和我預期的完全相反。

不過這也難怪，因為我總是窩在教室角落答答答地敲著計算機。有時候會有同學跑來問我在做什麼。

「準備會計師執照的考試。我想在三年內考取執照。」

聽到我這麼說，有些人會表示認同：「你好認真唷！這麼說來，真的每次看到你都在念書耶。竟然可以這麼專心念書，太厲害了。」

之後，當我無法上課的時候，這些人會主動告訴我考試的範圍，也會在一些全班參與的活動中，主動分擔我的工作。

除了同學以外，對於我這樣一個完全沒在聽課的學生，有某些教授依然肯定我的努力。因為除了上課以外，我也經常窩在圖書館念書，偶爾遇到教授都會被問到：

「看你一直在念書，到底在念什麼？」

「我在準備考會計師執照。」

「你一天都念幾個小時啊？」

「從早上六點念到凌晨十二點。」

「這麼認真？！好，那你好好加油！」

還曾經發生過這麼一件有趣的事。

在本章第10節的內容中曾提到，大學時有一次英語小組發表，我因為沒有積極參與，和一位態度認真的女同學起了爭執。

事實上，大學畢業後過了幾年，就在我還在會計師事務所工作的時候，在某一次的同學會上，我遇見了那位女同學。

她告訴我：「幸好那時候你有認真準備考試，才有現在的工作。」

「大學的時候，我沒有蹺過任何一堂課，該拿的學分都拿到了，該參加的社團也都參加了，該玩的也沒有少玩過。可是，我覺得自己一點成就也沒有。相較起來，我還真羨慕你。」她苦笑著說。

我在大學時雖然加入音樂社，不過只是個幽靈社員，從來沒有體驗過和大家打成一片的感覺，更別說一起出遊的回憶幾乎等於零。

我也沒有交到任何朋友，在人際關係上，更多的是無法擁有的經驗。

但是，我全心全意投入念書，成功考取了最難考的會計師執照。所以我絲毫不後悔，甚至慶幸自己當初選擇了被大家討厭。

這個經驗告訴我，就算大學時期因為追求目標而被大家討厭，不過從漫長人生來看，這絕對不是一件壞事。

Point

朝著遠大抱負和目標努力的背影，會讓周遭人深受感動。

- 被大家遺忘正好。
- 想要達成目標，比起父母和周遭的意見，更應該相信自己的意志。
- 把「建立人脈」的時間，用來「磨練自我能力」。
- 暫時放棄會阻礙自己朝目標努力的愛情。
- 朝著遠大抱負和目標努力，身邊的人都會給予支持。

Chapter 3

利用環境和時間讓自己變成「一個人」

18

一個人住有助於提升活力

想要徹底改變自己，最快的方法就是改變環境。

其中可以成長最多的，就是離開家裡，到外面「自己一個人生活」。和父母同住的情況，吃飯有人關心，水電瓦斯費等生活開支理所當然也是由父母支付。換作是自己一個人住，所有包括收支管理、煮飯、洗衣服等，全部都得靠自己。

換言之，**自己一個人住有助於盡早體驗「靠自己生活」的感覺，也能藉此思考如何「生存」**。

二十歲考上大學之後，我便離開三重縣的老家，開始過著一個人的生活。

一旦自己在外面租房子，身邊沒有人可以依靠，就會開始產生危機意識，知道「沒有錢什麼也做不了」、「如果不改變現在這種拮据的日子，將來肯定會完蛋」。

也就是說，自然會養成獨立自主的心態。

如果出生在有錢人家，或許還可以得到家裡龐大的金援，住在高級公寓，過著舒適的生活。

可是我的情況並非如此，父親想盡辦法四處籌錢，才好不容易幫我租到房子。有些人或許會覺得租房子、勉強過著拮据的生活也很快樂。

但是我不這麼認為。

家裡雖然有給我生活費，不過金額有限，必須靠我自己想辦法過活。我在大學四年都是過著這樣的生活，所以對我來說，再也不想過這種拮据的生活。

因為這樣，不知不覺便養成我努力追求上進的精神。

後來在會計師事務所工作的時候，我也是自己一個人在東京租房子，直到現在。

每年頂多回老家一次。

根據二〇一四年的調查，年收入未達兩百萬日圓的二、三十歲未婚人口，約有八成都跟父母同住。

我瞭解這些人在金錢上的拮据。

只不過，如果不努力克服，離開父母，自己到外面一個人住，永遠都無法獨立自主。除了在金錢上以外，在心理上也無法獨立。

一直待在舒適圈裡，身心永遠都無法變得堅強。一個人住或許會感到害怕，不過也只有剛開始而已。只要踏出第一步，自然會長出靠自己活下去的能力，內心也會愈來愈堅

強。

建議一旦滿十八歲之後，就要盡早離開家裡。自己「一個人」住才有辦法面對自己，找到自己的人生重心。

如果將來想創業，更應該自己一個人住。

剛開始可以告訴自己，萬一真的撐不下去，還可以回家投靠父母。就算時間短暫，但我相信一個人住的經驗，絕對可以帶給自己不少收穫。

Point

嘗試自己一個人住，即便時間短暫也好。

19

「完全陌生的環境」正好是培養實力的最佳機會

人在「沒有熟人、完全陌生」的環境下，通常會有很大的轉變。

我的母親曾經有一段時間，突然自己一個人搬到國外。

一年之後回來，她的英文變得非常流利，而且整個人顯得很自在，像是完全變了個人似的。出國留學也是一樣，聽說只要多和當地人交流，不要只是跟自己國家的人在一起，英語能力也會變得突飛猛進。

環境會改變一個人。尤其是在完全陌生的環境下，更能培養實力。

融入新的環境中，體驗更多「全新的邂逅」，人也會跟著有所轉變。

我從高中到大學，以及大學畢業後進入社會的階段，都刻意選擇了「陌生的環境」。因為我想認識全新的世界，以及全新的自己。

從三重縣到京都，再從京都到東京，每一次移居到一個陌生的環境，都讓我有所成長。一個人在外面住也是一樣，**讓自己置身在沒有依靠，生活拮据的環境，斷絕一切後路，就能激發人的決心，養成實力**。

如果只是待在現在的環境中，結果只是和現在一樣，不會有任何改變。

投入完全陌生的環境需要勇氣、膽量和決心，也會感到擔心和害怕。或許還會有一點期待和幻想吧。在各種情緒的拉扯之下，最後由「還是想挑戰看看」的心情勝出，於是才會放手去嘗試。

這時候大概早有心理準備，下定決心一定要成功，就算失敗也無所謂。有了這兩個覺悟，才有辦法投入完全陌生的環境。

抱著這種覺悟投入新環境的人，大部分都會很順利。

這是我的看法。

各位如果擔心自己無法改變，不妨把自己丟到完全陌生的環境，抱著覺悟的心情從頭開始挑戰。

稍微離題一下。說到「一個人」置身於完全陌生的環境，有些人可能會覺得很孤單。事實上我認為，這樣反而可以讓自己更自在。

舉例來說，出差住飯店的時候，雖然房間很小，但一個人就是比較自在。

在會計師事務所工作的時候，我經常需要出差。每次拜訪完客戶，吃完晚餐回到飯店之後，整個人感覺十分輕鬆自在。這時候只要打開電腦，邊喝酒邊吃零嘴，專注力就會特別好，工作效率也跟著提高。

在公司也是一樣，中午休息時間通常是從十二點到一點，如果十二點半回到公司只有我一個人，奇妙的是，這時候我的心情就會變得特別平靜、思緒泉湧。

我有個攝影師朋友，他說自己每次工作結束之後，一定會先順路到咖啡廳獨自坐個一兩個小時，然後才回家。他會利用這段時間專心處理工作，也整理自己的思緒。

在完全陌生的環境中，勢必會多出許多面對自我的「空白時間」。以結果來說，反而可以利用這些時間專心投入，為自己帶來成長，不是嗎？

Point

在開始一段全新的生活時，不妨選擇「完全陌生的環境」。

20

想成功就一個人
到東京打拚吧

我從出生到考上大學為止，都沒有離開過三重縣四日市的周邊。大學重考的時候，我每天通車到名古屋的補習班上課；大學時期則是住在京都。接著出社會之後，人生才頭一回到東京定居。

根據在三重、名古屋、京都、東京等四個地方的居住經驗告訴我，如果渴望成功，選擇在大都市定居還是最快的方法。

其中當然又以東京最適合。

三重縣說不定還是有認真工作而成功的人，只不過在我的印象當中，人數並不多。說到那裡的人，工作態度還是比較悠閒，缺乏不斷挑戰新事物的氛圍。

名古屋和京都雖然也是大都市，不過感覺還滿慵懶的。

若是想充滿幹勁地面對工作，不斷挑戰新的事物以激發自我成長，當然還是要選擇住在周遭人都帶著幹勁面對工作、熱愛挑戰新事物的地方最適合。

簡單來說，假設和面對工作毫無疑問就像拚命三郎的外商投資銀行的行員同住一棟公寓，會是什麼情況呢？

早上在電梯裡巧遇時，總是可以看到對方一身俐落的西裝，一早就顯得活力充沛。每天看到對方的模樣，自己的心情多少也會受到影響，開始產生危機意識：「我這樣不行！再這樣下去，我怎麼可能贏得過對方！」

住在市中心裡幹勁十足的上班族最常居住的地方，這樣的「危機意識」會隨時隨地不斷出現，對自己產生的影響將無可計量。

就像我現在住在六本木一樣。以前我住在其他地區，正當我為了接下來不知道該搬到白金還是代官山的時候，前輩建議我：

「代官山的氛圍比較安靜，感覺比較悠閒，滿適合居住的。不過，如果真心想培養自己的工作實力，最好的選擇當然就是六本木了！」

於是，我最後決定搬到六本木。後來事實證明這個選擇是對的。

在這裡，無論是走在街上的行人，或是街道本身，全都光鮮亮麗，充滿活力的氣息。也難怪這裡會出現被喻為創業家聖地的六本木之丘。

六本木是個會讓人想不斷挑戰新事物的地方。

只要置身在這裡，頓時就感到幹勁十足，充滿活力。

將來我可能到海外發展，或者結婚之後會搬到代官山附近也說不定。

我相信一定有所謂最適合追求夢想的地方。假設各位鍾情哪個地方，不妨先實際去走走，感受一下當地的氛圍。

環境會改變一個人。只要謹慎思考地點，找到最適合自己的環境，絕對可以加速成功的腳步。

Point

選擇讓自己一見鍾情的地方住下來吧。

21

住在超高層公寓大廈，每天感受與「上流世界」的差距

想要成為有錢人，最有效的方法，就是住在每天都會遇到有錢人的地方。

有句話說「思考會變成現實」。人無法思考無法想像的事物，而最好的想像，就是親眼看見。

從來沒有見過大海的人，恐怕很難想像實際的「海」是什麼樣子。但是只要看過一次，一說到「海」，腦海裡就會重現波浪的聲音、海邊的氣味、蔚藍的海水顏色等各種感覺印象。

同樣的道理，親眼見過有錢人之後，腦海裡可以很快地重現對有錢人的印象。也就是說，光是每天早上一同搭電梯的幾分鐘時間，從對方的穿著打扮、鍛鍊結實的體魄、隱約飄散的香水氣味等，就可以知道「原來有錢人就是這樣」。

不僅如此，只要把自己套在對方身上，很輕易就可以想像自己成為有錢人之後的模樣和舉止。

我之前因為很想變有錢，所以會想辦法盡量讓自己每天都能見到有錢人。

我的方法就是：和有錢人住在同一棟公寓大廈。

踏入社會開始工作賺錢之後，生活的衣食住行當中，「住」成了我最大的開支。

當時，我的身邊沒有人像我一樣不顧收入，硬是選擇租屋在昂貴的地方。只有我這麼做。只不過，這是因為我實在找不到一個可以感受到周遭氛圍、房租又適合我的薪水的地方。

在會計師事務所工作的時候，有時候加班多，每個月可以實領約三十五萬日圓。少的時候也有二十五、六萬左右。那時候的我住在市中心的超高層公寓大廈，每個月房租是十一萬。

大家都說，花在住屋的開支最好控制在薪資的三分之一，所以當時我也是強迫自己這麼做。

只不過在東京，一般的房租差不多也都是七萬至九萬左右。

我心想，既然只差了兩萬至四萬，乾脆多花一點錢，就住在超高層公寓大廈算了。

原因是因為，超高層公寓大廈愈高樓層，房租愈貴，低樓層相對較便宜，兩者差距不小。

就算沒有錢，也可以和有錢人住在同一棟大廈。

如此一來，肯定可以提升鬥志和幹勁，連想法也跟著改變。

當時我住在十一樓，房租一個月是十一萬日圓。整棟大廈一共有三十三層，最高樓層的房租約為七十萬，其他也有五、六十萬的房子。

對當時的我來說，住得起房租五、六十萬的人，已經算是相當有錢了。如果是一般公寓，大家的房租都差不多。但是以超高層公寓大廈來說，高低樓層的房租差距就非常大。這一點其實很好。

因為，這可以讓自己每天都能見到遠比自己富裕的有錢人。

加上由於是有錢人住的房子，所以設備相當完善。

健身房、蒸氣室、大型泡湯池等一應俱全，保全設施也相當完備，大門入口等必須通過指紋辨識才會開啟。

感受「差距」，激發鬥志

十一萬的房租對我來說雖然是不小的壓力，但是我覺得這筆錢花得很值得，因為不僅可以見到有錢人，對自己的看法也會跟著提升。

住在如此奢華的公寓大廈，每天早上出門的時候，隱約都可以感覺到路過上班族的目光。

彷彿大家都在說：「這麼年輕就住在這麼高級的超高層公寓大廈啊！」

這會讓我不禁感到一絲絲的優越感，同時也會告訴自己得更努力才行。

每當我想提升自己的程度或幹勁時，第一件事就是馬上搬家。

創業初期，我住在一棟四十八層樓公寓的二十二樓，房租約二十萬日圓。當時我的工作每個月平均可以實領到三十萬，副業頂多只能賺十萬至二十萬左右，房租可以說是不小的壓力。

公寓最高樓層的房租約為一百三十萬日圓，比起之前住的地方，這裡住的人更是有錢。二十萬和一百三十萬差了將近七倍，意思也就是說，兩者的收入恐怕在七倍以上，差距十分驚人。

只要遇到比自己年輕的人住在更高樓層的地方，我就會覺得不甘心。每天都見到對方，等於每天都嚐到懊悔的滋味。

所以我每天都會告訴自己要努力。換言之，我的鬥志不斷被激發。住在那裡的那段時間，我的鬥志提升了不少。

後來，隨著每天見到對方，我開始感覺對方似乎哪裡變得不一樣了。就這樣過了一年，我開始有一股錯覺：「奇怪？怎麼感覺對方和自己幾乎沒兩樣？」

這種「高階級的錯覺」其實非常重要。

因為這代表自己具備沒來由的自信：「我好像也可以變成有錢人」。

由於住在超高層公寓大廈，讓我的自我形象提升不少。

加上景色優美，工作起來心情特別好。也算是收穫之一。

各位如果也想成為有錢人，不妨給自己一點壓力，搬到有錢人住的地方吧。

Point

把錢花在食衣住的「住」上，藉此提升自我形象。

22

你想把時間花在什麼地方？

二十幾歲的時候，我認為人生中有下列四種「要做的事」：

①至少應該做的事（絕對非做不可的事）

（例）吃飯、刷牙、泡澡、穿衣服、工作、通勤

②真正想做的事

（例）達成目標、成為理想中的自己

③享受人生

（例）和朋友玩樂、旅行

④無意義的事（不做也無妨的事）

（例）發呆、滑手機、上網、逛街

其中，我決定放棄③和④。

我在心裡發誓「再也不玩樂，不做沒有意義的事」。因為現在不是做這些事情的時候。

最理想的狀態是邊玩樂邊達成目標。如果做得到這一點，人生當然最完美。

只不過，能做到這麼完美的人，只有具備相當才能和能力的人，也就是所謂的天生的天才。依照我的能力，想要快樂創業，快樂地考上執照，應該是不可能的。

既然如此，就把快樂往後延吧。例如等到五十歲以後再享受人生。

於是我決定，先趁著年輕有體力的時候，全心全意把時間用在想做的事情上。等到一切夢想都實現，再來享樂。

現在，我的想法有些改變，認為「達成目標＝快樂」。也就是說，對現在的我來說，②和③差別並不大。

一般人認為「真正快樂」的事，例如和朋友開心聚會、出國悠閒度假等，對我來說當然也很快樂。

但是，現在的我並不打算這麼做。或許我想做也做得到，只不過我想把心力全部放在②，也就是「想做的事」，並且從過程中感受快樂。

享受悠閒的人生，就等到以後再說吧。

假設沒有才能的普通人想追求成功、達成目標，最好先放棄當前短暫的快樂，朝著將

來長期的快樂去努力才對。

邊玩樂邊達成目標，實在很困難。

各位應該更認真思考，自己想如何運用現在的時間。

只要冷靜下來思考，現在到底是該和朋友一起玩樂，還是毅然決然選擇一個人朝著目標努力前進，答案應該很明顯才對。

Point

放棄把時間花在沒有意義的事情上，朝著自己該做的事全力以赴吧。

23

明白聚餐喝酒都是「時間小偷」的道理

跟朋友、同事、前輩往來，最花時間的應該就是聚餐喝酒了吧。這些會佔據掉非常多時間，換言之就是偷走時間的小偷。

相信很多人都有這種經驗，下班後晚上七點到居酒屋喝酒，喝到凌晨電車收班才離開。

一般法式和義式餐廳，甚至是一些日式餐廳，一套套餐吃下來，往往兩個小時就這樣過去了。

如果已經小有成功，或是想跟要好的朋友好好聚一聚，慢慢地吃頓飯、喝點酒，那倒還無所謂。

但如果真心想追求成功，最應該避免的，就是這種「交際時間」。

大學時代，我幾乎是久久才跟補習班的朋友聚餐一次。而且地點不會是居酒屋，而是一般的連鎖餐廳或是拉麵店。在這種地方通常很快就會吃完離開，不可能一待就是三個小時。

在會計師事務所上班的時候，在開始做副業之前，偶爾我也會應同事或前輩之邀去喝酒。

前輩們總是會問我：「要不要一起去喝一杯？」

我通常會這麼婉拒：「抱歉，我等一下還有課要上。」

這麼一來就不會有失圓融，也不會讓前輩有被拒絕的感覺。

事實上我也真的是要去參加創業講座，所以這麼說並不算說謊。

只不過，總不能每一次都用這一招拒絕，這種時候我就會先聲明：

「我今天身體不太舒服，不能喝酒。」

於是通常最後大家會決定改吃拉麵，這麼一來就不會花上兩個小時了。

拉麵店生意要好，靠的就是一張椅子接二連三地不斷有新的客人上門，吃完就離開。

前輩們也都是專業的會計師，自然會顧慮到店家的流動率，也知道吃一碗拉麵待太久對店家來說會有多困擾。所以通常吃完就會馬上離開，結束聚餐。

不過當我決心要創業，有事想請教那些成功人士的時候，當然就不在此限。和對方關係愈好，才有辦法得知更多成功的秘訣，所以偶爾我也會進一步邀請對方一起去喝酒。

這種時間反而花得有意義。

也就是說，**要選擇和比自己厲害，或是有理想目標的人，盡可能拉長和對方相處的時**

間。因為人很容易受到「長時間相處的人」的影響。

跟什麼樣的人聚餐喝酒，自己的價值觀也會跟著改變。

Point

如果是和同事或前輩聚餐，就選擇去可以快速解決的拉麵店吧。

24

不聚餐，不玩樂，把錢留著學習用

我自己在當上班族的時候，當我決定要創業之後，就完全放棄所有的聚餐和玩樂。會計師事務所的工作本來就很繁重，沒有多少時間可以玩樂，所以我賺的錢全都沒有花掉，最後大約存了三百萬日圓。

一旦選擇「一個人」，聚餐和玩樂的費用一下子就能省下不少。

至於我把這筆錢拿來做什麼？答案就是學習。參加講座、買書、念書等。另外還有作為創業基金。

學習「真心想學的事物」，是一件非常開心的事。

如果考慮要獨自創業，花在學習上的錢最好愈多愈好。

我在決定創業時參加的講座，兩天就要花費十萬日圓。

當時我的薪水一個月將近有四十萬，扣掉高級公寓的二十萬房租，只剩下二十萬。雖然副業多多少少也有收入，不過十萬日圓的講座費用，無疑是不小的一筆開支。

不過，對此我沒有半點猶豫。

因為講座的內容是關於「儲蓄」。可以直接向儲蓄高手學習存錢的方法，這一點投資一點也不昂貴。

參加講座的人約有一百人，或許是因為費用不便宜吧，除了我以外，其他人幾乎都是四十幾歲。

在那場講座上，我學到一個非常簡單的道理。

「靠自己一個人、一台電腦，就能賺錢。」

「賺到五萬日圓之後，一開始先以免費的方式，把賺錢的方法分享給大家。」

「總有一天這個方法可以為自己帶來財富。」

這「三大原則」，促成了我後來的創業。

講座結束之後，我馬上就照著這些原則去實踐。

當時我花了一萬六千八百日圓，在網路上購買了某個情報商品，然後再透過聯盟行銷的方式，每個月賺取二十萬日圓的副業收入。所謂「情報商品」也就是透過網路等進行買賣的「情報」。

後來，該商品針對購買者舉辦了一項活動，邀請我去免費跟大家分享我的商品，也就是「一個月賺二十萬日圓的方法」。

當天參與活動的都是不知道如何靠商品獲利的人，所以大家對我是如何靠同一樣商品賺到二十萬的方法都相當感興趣。

一開始的前三次當然是免費分享，第四次之後就必須付費才能得知賺錢的方法。

後來我又透過Facebook和電子報的方式分享商業訊息，漸漸吸引愈來愈多人付費想進一步瞭解。

最後，在二〇一三年三月，我的副業銷售額就達到四百五十七萬日圓。

一開始付出的十萬日圓費用，不一會兒工夫就全部回本了。

就像努力認真補習，英文就會變好一樣，賺錢的方法同樣只要認真學習，一定學得會。

現在的我，很慶幸自己當初硬是花了大錢參加了那個講座。

Point

只要是投資自己真心想學的事物，很快就能回本。

- 讓自己置身在沒有依靠的環境，培養獨立自主的心態。
- 選擇住在能夠激發鬥志、房租昂貴的地方，藉此提高自我形象。
- 放棄生活中「沒有意義的事」，全心全意專注在自己現在應該做的事情上。
- 工作聚餐不要選擇居酒屋，改去連鎖餐廳可以省下更多時間。
- 把錢集中花在「自己真心想學的事物」上，不要用來玩樂和聚餐喝酒。

Chapter 4

在工作上成為「一個人」

25

三十歲之前投資比儲蓄更重要

「唯有主動出擊，才有辦法守得住。」

這是我外公的「至理名言」之一，也是我的人生信條。

三十歲之前認真存錢的人，將來就能成為有錢人嗎？

我想應該不可能。因為這些人沒有把錢花在「主動出擊」上。

有些人認為「十幾歲悠悠哉哉地過，等到二十歲之後再開始認真工作」，或者，「二十幾歲還年輕，先玩再說，只要三十歲之後再開始認真工作，一樣可以成功。」

這些人同樣也無法成為有錢人，因為也都缺乏主動出擊。

假使現在就採取保守，將來可是會守不住的。

要想在三十歲之前就成為有錢人，難度頗高。別說是三十歲之前了，各位可以看看自己身邊，就連三、四十歲，甚至是五十幾歲的人，應該都很少人是已經擁有令人滿意的經濟收入，而且可以隨心所欲花錢。

如果想在三十歲之前就達到這種境界，唯一的方法只有不顧周遭的反對，主動出擊。

我有一位朋友，二十二歲時年收入只有三百萬日圓。他帶著三十萬的存款到東京打拚，曾經有一個月的時間只吃巧克力麵包棒度日。後來，他借了八百萬日圓作為投資本金，到現在，他的年收入已經高達兩億日圓。他才二十幾歲而已。

之所以成功，就是因為他主動出擊。

如果因為擔心將來，二十幾歲就採取保守的儲蓄，日後恐怕很難成功。

二十幾歲的人，怎樣都很難贏過三、四十歲的上班族。就連跑業務，有經驗的中壯年還是比較有能力。

除非投入所有體力和心力，全力以赴，例如努力上門推銷、磨練廣告文案的寫作能力、在第一線累積經驗等，否則很難在二十幾歲就成功。

我另外還有一個朋友，三十二歲就成為外商保險公司的業績冠軍。他每天拜訪客戶直到凌晨十二點，一週聚餐五次，藉機認識各大企業的老闆，不斷拓展人際關係，為自己贏得許多見面的機會。

比起其他四、五十歲，經驗豐富的業務員，他拜訪了更多客戶，針對保險做了更詳細的說明，所以才年僅三十二歲的他，就交出業績冠軍的漂亮成績單。

由此可知，三十歲之前與其儲蓄，投資才是最重要的。

投入金錢、時間和體力去多接觸不同領域的學習，等到稍有成就之後，到高級壽司店見識上流世界，閱讀商管書籍和經典名著。唯有這麼做，才能提升自我。

錢不過就是張紙罷了，留著也無法增加自己的實力。

重點還是在於如何運用。

有時候當然也會帶來損失。

不過別擔心，還是要把錢用在該用的地方上。

因為，成功的秘訣並不是多會存錢，而是懂得如何運用。

Point

想要成功，比起如何存錢，先思考如何花錢吧。

26

如果十年後想賺到理想的財富，現在就開始「一個人」努力

有時候把眼光放遠，別只看見當前，就有辦法「一個人」走下去。

當年我在二十歲準備考會計師執照的時候，內心也曾經動搖過。那個時候，我把眼光放遠，用數字來思考人生。

只要考取會計師執照，第一年的收入就有六百萬日圓。

以二十到二十九歲的日本人來說，平均年收入是三百四十六萬日圓。四十到四十九歲則為五百四十一萬日圓（兩者數字皆參考自轉職網站二〇〇七年DODA的調查）。

當時的我有兩個選擇。

利用二十到二十四歲大學四年的時間，努力考取會計師執照，二十四歲就過著年收入六百萬日圓的生活。

或者，二十到二十四歲大學四年的時間，整天和朋友玩樂，二十四歲過著年收入三百萬日圓的生活。

如果選擇後者，大學畢業後要工作約二十年，才有辦法達到年收入六百萬日圓。

既然如此，當然是先努力四年、拿到六百萬比較好。

補習班的老師也同樣這麼鼓勵我：

「這世上錢不是一切，只不過現在的社會，就算念還不錯的大學，二十幾歲的年輕人年收入也幾乎只有三百萬而已。我理解你一定也很想玩樂，但如果你趁著大家都在玩的這四年時間，好好認真地拚一下，以後在經濟上絕對會比一般人來得更好，而且很快地你的收入就會達到四十幾歲的平均水準。」

受到這番話的鼓舞，考上大學之後，我開始一個人默默地念書，準備會計師執照的考試。

不僅如此，我決定認真拚四年，提前達到原本四十歲之後才能達到的收入水準。我成功說服自己，這必須要靠相當克制和努力才有辦法達成。

假設五年後或十年後想賺到理想的財富，現在就必須採取行動。不能再繼續和朋友玩樂，也不能再過著整天喝酒宿醉的生活。

現在立刻行動，才會有富裕的將來。

人生要不就是兩種：

先樂後苦。

先苦後樂。

像我這種打拚事業的人，大家都是選擇後者。

拒絕玩樂，整天從早到晚拚命工作。

一步一步達成目標。

考量到年紀愈大、體力會愈差，在接下來的人生中最年輕的「現在」，就是開始努力的最好時刻。

是要在年輕的現在好好玩樂，還是要十年後輕鬆享樂？我想答案應該很明顯。

Point

趁著接下來的人生中最年輕的「現在」，開始「一個人」努力吧。

27

把一定的收入轉做投資，才有可能靠「一個人」成功

我的公司目前的收益每年都在不斷攀升。

第一年的年銷售額是四千五百萬日圓

第二年有八千六百萬日圓。

第三年來到一億三千五百萬日圓。

第四年為七億日圓。

第五年的年銷售額已經達到十億日圓。

我通常會把公司大部分的獲利用來投資事業。

這也是我的公司年銷售額年年攀升的原因之一。

這其實是某個房地產公司的老闆教我的方法。

他在短短四、五年的時間內，年收入就增加了十倍之多，是位相當有本事的創業家。

當初我拜訪他，向他請教如何讓公司的年銷售額從一億增加到十億，他告訴我：

「一定要把一半的存款拿去投資事業。」

從那之後，我便把存款全部拿去投資事業，而不是花在自己身上。

反正我目前單身，也不是個生活奢華的人。

尤其現在，比起品嚐美食、四處旅行玩樂，我更喜歡在事業上追求成長。

所以，花在自己身上的錢，只有一部分就夠了。

創業公司老闆通常在公司獲利增加時，都會將自己的年收入也跟著提高。接著開始沉迷酒精，狂買名品，過起奢侈的生活。

這麼做或許生活會很開心，不過對企業來說，將會面臨困難。

公司發展很快就會受到阻礙。

所以我選擇逆向操作，降低自己的生活欲望，把錢用來投資事業。每一次獲利，就繼續把錢投資到下個月，甚至是下一年度的事業。

我就是透過這種方式，讓公司的年銷售額一步步提升。

假設各位也想創業，讓公司不斷成長，很推薦大家也可以嘗試這個方法。

一般的上班族也是一樣。

如果想爬得比別人高，一定要將一部分的收入轉做投資，促進自己成長。

比起享樂，生活的重心應該要擺在如何達到自我成長。

如果一直把收入拿來跟朋友喝酒聚餐和玩樂，當然很難跳脫目前的狀況。

這時候應該做的其實還有很多。

例如參加講座促進自我成長、進修增長技能、買書閱讀，或者是做小額投資、準備創業等。

既然這樣，各位今晚還是要和朋友去喝酒嗎？

Point

將存款轉做投資。這是為了明天的自己，也是為了明天的公司成長著想。

28

「銷售力」和「集客力」就是一人事業的最強武器

無論是在創業或轉換跑道的時候，「銷售力」和「集客力」都是最有幫助的技能。也是「一人事業」最強的武器。

「銷售力」是不管在廣告公司或房地產業、汽車業、保險公司等，任何一種工作上都必須具備的能力。推銷話術厲害、擅長溝通的人，賣起東西來會特別順利，走到哪裡都會受到重用。

因為對銷售來說，最重要的就是推銷話術和溝通能力。

我做的是教育事業的生意，參加過我的溝通課程的人，隨著把方法分享給他人，通常自己說話的技巧也會變得愈來愈厲害，溝通能力也會變好。

其實我自己在重考和大學階段，幾乎很少跟人說話，所以剛踏入社會的那一陣子，溝通成了我的一大困擾。

後來由於我在公司負責顧問的工作，漸漸地開始學會如何與人溝通。

只不過，如果說到要面對大眾面前說話，我其實還是不擅長。

剛投入教育事業的時候，有一次我去聽了一場某知名大老闆的演講。他那充滿魅力的說話方式，吸引了台下所有聽眾，其中有句話讓我至今仍印象深刻。

「沒有人是擅長說話的，差別只在於有沒有練習而已。如果可以練到能言快語，那就是你獨有、別人不會的『武器』。」

因為這番話，我開始每天進行特訓，把自己說話的方式錄影下來，一天練習十二個小時以上。我也會看搞笑電影練習說話。現在大家都說我「說話像藝人一樣風趣幽默」、「講話像名師一樣簡單易懂」。

當時我學會的「說話能力」，後來不只用在銷售上，也運用在其他許多工作場合。

除了銷售力以外，賣東西時「集客力」也很重要。如果可以吸引到更多客人，商品也會賣得更快。

對於一個人獨自創業來說，現在是更容易吸引到客人的時代。

我自己通常是透過網路廣告和社群媒體來蒐集顧客名單和介紹商品。

對於LINE上面的顧客，我會免費提供商業情報。

並且透過上傳影片的方式，增加和顧客之間的互動。

在幾十年前，一般的作法都是運用實際的人際關係，或是製作傳單來吸引顧客，必須耗費相當多的時間和精力。

不過，現在時代已經改變了。

網路和社群媒體已經相當普及。

有了這些可以瞬間與世界接軌的工具，只要透過刊登廣告，就能讓更多人看見。透過這些免費的工具，可以將情報發送到超越自己實際所見範圍的地方。如此一來，顧客就會自動上門。

我在創業的第一年就是靠著這些工具，包括銷售、吸引顧客、拍攝YouTube影片等，一切都靠自己來。結果第一年就創下三千九百萬日圓的淨利。

就算是「一個人」，也有許多免費工具可以運用。

剩下的就是銷售力和集客力，還有幹勁了。只要有了這些，就能開始你自己的事業。

Point

利用網路和社群媒體，開始你的「一人事業」吧。

29

只要找到比「錢」更重要的目的，「一人作戰」就能變得無往不利

如果想「辭掉工作，成功創業」，或者是「成功創立新事業」，最好先別用金錢來設定目標，這樣成功的機率才會比較高。

當然也可以把金錢當成創業的理由之一。

做事業本來就一定要講求數字。

以「數字」來設定目標比較清楚，就連考大學也是以偏差值的數字來作為標準。在這個社會上，如果完全不把數字放在心上，是無法出人頭地的。

只不過，錢不過也只是一張一張的紙罷了。我們很難透過錢來想像成功的模樣。

與其想像一億日圓的紙鈔，想像一億日圓可以買到的東西會更容易，例如房子或生活等。想像具體的東西，會幫助自己更容易達成目標。

從這個角度來看，明確想像自己擁有財富之後「想變成怎樣」、「想怎麼度過人生」、「想過著什麼樣的生活」，會比把金錢當作目標更容易成功。

也就是說，清楚知道「自己打算怎麼花錢」，對於達成目標來說會更有幫助。

如果賺錢只是為了買東西，當個一般的上班族就能辦到，不需要特地一個人獨自創業。

以我來說，我明白考取會計師執照，進到國際四大會計師事務所工作之後，年收入就能達到六百萬日圓，過著比一般人更好的生活。

金錢當然是一大誘因，只不過，年收入並非我的目的。

我心中更強烈的希望是，在大學階段就考取會計師執照，讓父親對我刮目相看。只有擁有會計師執照的人，才能做會計審查的工作。換言之，只要考取會計師執照，找工作就不成問題，可以靠執照吃一輩子。

重考兩年差不多要花兩百至三百萬日圓，加上我大學念的是私立學校，又離開家裡在外面一個人住，所以四年下來，搞不好花了約一千萬日圓。

我有個哥哥，念的是國立大學，學費花得沒有我多。而且後來他繼續留在大學裡當老師，相對非常穩定。我雖然在社會上打拚，卻一直很想考個厲害的執照，讓父親安心。

假如沒有這股強烈的動力，或許大學四年我也沒有辦法全心全意一個人努力念書，最後以在籍生的身分考取會計師執照吧。

後來在創業的時候，同樣的，我的首要目的也不是為了賺錢。

一方面是因為會計審查的工作太辛苦了，所以我非常渴望擁有更自由的時間，以及更自由的生活。

正因為這樣，所以我才想要創業。會計師事務所的待遇十分優渥，如果我想賺錢，根本不需要辭職。

只要可以明確找到金錢以外的目標，「一人作戰」一定會成功。

Point

對於「自己想變成什麼樣的人」要有明確的想像。

30

成功的關鍵在於「熱情」、「耐心」和「謙虛」

在我的教育事業當中，有些優秀的學生會希望可以跟我一起打拚事業。我通常會透過面試去瞭解這些人，一旦通過面試，就可以成為我的事業夥伴。

面試的時候，我主要會觀察對方是否具備「熱情」、「耐心」、「謙虛」的本質。如果說「本質」很難懂，也可以說是「可能性」。

一開始沒有這些特性不要緊。

不過，至少要讓人感受得到他**應該具備「熱情」、「耐心」、「謙虛」**才行。

根據我自己的經驗，如果具備這三項，加上人都是會改變的，一定可以做出成果。這些也是以創業為目標的人必須具備的特性，遠比任何技能都要來得重要。

我從小就不是很會念書，但是自認為之所以能夠一路走到現在，就是因為具備這三項特性。

即使面對會計師執照考試，我也是抱著熱情告訴自己：「最糟糕的狀況頂多就是放棄大學學分、畢不了業。但就是算這樣，我也一定要考上。」「我什麼都不要，只要得到那張錄取通知。」

除此之外，我也很有耐心。

剛創業的時候，有個年收入上億日圓的前輩告訴我：

「假設一千個人嘗試想賺到一億日圓，最後有九百九十九個人都會放棄。只有那一個堅持不放棄，持續一個人努力的人，才有辦法得到最後的結果。」

當時會計師執照的錄取率只有約百分之十。

準備的過程十分辛苦，要背的東西也相當多，而且一同應考的都是準備了好幾年、每天念書念到沒日沒夜、經驗豐富的考場老手，是競爭相當激烈的考試。

由於錄取率低，加上準備起來很辛苦，很多人最後都紛紛放棄。

在我當時報名的補習班TAC當中，兩年的課程，最後有半數的人都放棄了。當然，還是有堅持不放棄的人。

當時和我一起努力到最後的共有二十個人。

這些人後來全部考上會計師執照。

失敗了，再試一次吧。

又失敗了，再努力一次好了……

很多人都是在這樣反覆的挑戰中，在某個階段選擇放棄。

不過當時我已經做好覺悟，就算試了兩百次也沒有結果，我還是不放棄。而且我有耐心，三百次也好，四百次也好，我都可以堅持努力下去。

最後，我考了兩次才終於考取執照。假使當時沒有考上，或許現在我也還在努力吧。簡單來說，我就是個不懂得放棄的人（笑）。

一開始就算只是稍有興趣，熱情也會漸漸隨之而來

最後一點是謙虛。

以下是我外公的「至理名言」之一，讓我深受影響。

「成功是因為大家的幫忙，失敗是自己的過錯。」

就算成功，也是因為周遭人的理解和支持，並不是自己有多厲害。

從小外公就經常告誡我，千萬不能得意忘形。

很多前輩也說「金錢無法決定人的優劣，會賺錢也不代表你有多厲害」。

確實就如同外公和前輩們所說的。

賺再多錢，都不表示自己就有多偉大。我也一直告訴自己不可以得意忘形，要謙虛地繼續努力。

這是我一直以來堅信的原則。

以上三點只要具備，我相信能力一定會不斷提升、愈來愈好。

但是實際上，很少人一開始就具備這些特性。

即便是我的工作夥伴，很多人一開始也只有少許熱情而已。

不過這完全不是問題。

有時候透過一起努力，不斷在工作上做出小小的成果之後，原本的少許熱情會瞬間被

點燃，成為一股熾熱的熱情。

耐心和謙虛也是一樣，都會愈變愈強。
只要朝著目標努力，一點一點地不斷累積成功的體驗就行了。

沒有踏出第一步，永遠沒有機會培養「熱情」、「耐心」和「謙虛」。就算只是一小步也好，都要勇敢踏出一開始的第一步。

Point

透過不斷體驗成功，培養「熱情」、「耐心」和「謙虛」。

31

重訓有助於提高一個人努力的韌性

我現在十分熱愛重訓，重訓讓我在短短三個月內，體脂肪就減少了一半。

開始接觸重訓之後，我深深覺得這就像經營事業一樣，也很像我一個人的時候在做的事。

建議大家如果想獨自創業，或是想靠自己達成任何目標的時候，一定要養成重訓的習慣。

在上一節有提到，一個人要想成功，具備「熱情」、「耐心」和「謙虛」很重要。事實上，養成重訓的習慣，就有助於培養這三種特性。

做過重訓的人應該都知道，這其實相當吃力。

每週兩次做重訓的時候當然是最累的，結束之後雖然不累了，不過緊接著是肌肉痠痛。不管喜不喜歡運動，重訓都很痛苦。

不過，假使具備熱情，決心增強肌肉，就能戰勝痛苦。

有了熱情，再加上堅定的耐心，就能對抗瞬間的痛苦。

當聽到教練說「加油！還有五下！」的時候，就會告訴自己要加油，而不是想到放棄。

如果再加上謙虛，效果會更好。

因為這會幫助自己養成提振志氣的習慣，例如：「這樣還不夠，得再加油才行。」當身體肌肉增加之後，千萬不能以為這樣就結束了。如果忘了保持謙虛，因此感到滿意而停止重訓，身體很快就會回到原本的狀態。

做重訓必須靠「熱情」、「耐心」和「謙虛」才能繼續，而且也會帶來相對的逆向作用。也就是說，透過持續重訓，也可以培養「熱情」、「耐心」和「謙虛」。

想要一個人獲得成功，第一步可以試著做重訓來培養「熱情」、「耐心」和「謙虛」。過去大家常說「無法控制自己體重的人是無法成功的」，這話說得一點也沒錯。

做重訓還有另一個好處。

就是可以輕鬆地「體驗成功」。

想要成功，必須先不斷體驗成功的感覺。

做重訓很快就可以看到成果，換言之，馬上就能體驗到成功的感覺。

以考會計師執照來說，考試一年只有一次，一旦失敗了，就必須再努力一整年。很難獲得成功體驗。

從這一點來看，每一次做重訓都可以獲得打破自己極限的成就感。這種自信在日常生活中可是很難得的。

亮眼的成果背後，都需要花費不少時間。不過只要好好努力，結果都會反映在自己的體態上，所以更能感受到成功的快感。

在金錢的世界中，必須付出時間才能擁有成功。而重訓的好處就在於，很快就能看見成果。

「只要自己肯努力，也會成功。」擁有這種心態非常重要。

重訓可以帶來許多學習，希望各位一定要挑戰看看。

Point

透過做重訓，培養自己的「熱情」、「耐心」和「謙虛」。

32

為了在工作以外能夠保持「一個人」，在工作上必須更出人頭地

很多人在副業開始步上軌道之後，都會辭掉原本的工作，獨自創業。

我也是其中之一，在經營副業的第五個月，單月副業收入超過四百萬日圓之後，我便毅然決然辭去工作。

只不過，有些人則是完全相反。

也就是在副業步上軌道之後，反而選擇繼續當上班族。

以「一人作戰」來說，絕對不會因為一時的衝動就辭去工作。

最好的例子就是我的一位女性友人，她是個藥劑師，平時有投資房地產的習慣。

她的投資眼光十分精準，手上有五棟房子，資產超過五億日圓。

如此成功的投資，讓她就算辭去藥劑師的工作，生活也不成問題。不過，她反而選擇繼續工作，甚至更努力在工作上追求更好的成績。

這是因為，藥劑師的工作在社會上擁有相當高的信用度，可以讓她更容易向銀行借到錢。她也在工作上追求更高的地位，提升自己的薪水和年收入，好讓自己可以繼續投資房地產。

因為，薪水和年收入愈高，貸款會更方便。

換言之，因為想貸款買房子，所以她更認真面對工作。

為什麼她可以同時兼顧藥劑師工作和房地產投資的副業，而且不斷成功呢？

答案是因為，她很清楚自己想要什麼。

之所以繼續留在原本的工作，是因為想擁有社會信用度。

之所以在工作上追求更高的地位，是因為想跟銀行貸到更多錢。

之所以想貸更多錢，是因為想買更多房子，在經濟上擁有更多自由。

也就是說，正因為想增加副業收入，所以繼續在工作上努力。

很多想成功投資房地產的人，都跟我這位藥劑師友人一樣，因為想跟銀行借錢，所以選擇繼續留在原本的工作，並且追求更高的職位。

也有人是借到能借的錢之後，再辭去工作。

辭掉工作是個重大的決定。

一旦辭去工作之後，要馬上找到工作相當困難。

因此，**各位千萬不要因為副業步上軌道，便不顧一切辭去工作。不妨先謹慎評估繼續留在工作上的優缺點，然後再做決定。**

自己想做什麼、想要什麼，都會影響自己要怎麼做。

繼續工作的最大好處，就是擁有社會信用。

如果要跟銀行貸款做生意，這是唯一的管道。

不過對我來說，比起社會信用，我更希望可以擁有自由的時間來打拚全新的事業，所以才會決定辭掉工作。

順帶一提，我在辭掉工作之前，先把住所搬到東京都港區的高級超高層公寓大廈。一般高級公寓大廈的入住審查都相當嚴格，但由於我當時是上班族，所以很快就通過審查。這也算是上班族的身分帶給我的最後好處，讓我順利邁向獨立之路。

Point

在獨自創業之前，先評估繼續工作的優缺點。

- 三十歲之前先考慮如何「花錢」，而不是如何「存錢」。
- 比起玩樂，更應該專注在如何激發自我成長。
- 對自己將來想變成什麼樣有清楚的想像，找到「金錢」以外的目的。
- 培養成功必備的「熱情」、「耐心」和「謙虛」。
- 獨立創業之前，先謹慎評估繼續工作的好處和壞處。

Chapter 5

一個人也能走出屬於自己的人生

33

猶豫不決就表示該是改變的時候了

曾經有人問我，雖然很想獨立，可是完全不知道自己想做什麼，怎麼辦？
確實，找到人生中想做的事很重要。
只不過，這也是最難的。

對我來說，有趣的工作根本就不存在。
因為煮飯很麻煩，所以選擇外食。
因為不會洗衣服，所以選擇送洗。
到頭來，工作不過就是領錢做別人不想做、嫌麻煩、想丟給別人做的事情罷了。

重點不是找到自己想做的工作，而是面對自己不想做的工作，從中找到樂趣。

當初在準備考會計師的時候，我一直在思考：

什麼樣的工作才會讓我開心？
什麼樣的工作才會勾起我的興趣？

什麼樣的工作才會讓我得到想要的東西？

我從十幾歲就開始夢想有一天要創業。

因為我想挑戰新事物，想自由地工作，想做我自己喜歡的事。

我心想，當會計師不但可以有機會和一般上班族對話，也可以見識到各行各業的公司，對創業應該很有幫助。

並不是因為我對會計審查的工作感興趣。

因為根本就沒有什麼工作是還沒有做之前就覺得有趣的。

別把重點擺在工作內容或工作本身，而是要去思考「自己對什麼感興趣？」，以此為原則來選擇工作，相對會更順利。

假設單純只對自己的興趣和特殊技能感興趣，就盡量選擇工作時間愈短愈好，私人時間較長的工作。或許就是大家常說的餐飲業吧。

我自己雖然是例外，不過這世上應該多數人都是平日工作，到了週末才休息。

說到要決定自己想做的事，很多人馬上就想到工作。但是各位不妨可以跳脫「日常工作」的框架，好好想想**「什麼是自己真正喜歡的事？」「在人生當中，自己最重視什麼？」**。

假設各位目前雖然有工作，卻煩惱「不知道該不該繼續這樣盲目地做下去？」不知道「這真的是自己想做的事嗎？」，這就表示你其實「渴望改變」。

盡早找出自己想做的事並採取行動，人生不僅會因此改變，而且會變得更快樂。

Point

一旦猶豫「再這樣下去好嗎？」，現在就是採取行動的時候。

34

想獨立創業，認識成功者就是通往成功的最快途徑

如果立志要獨立創業，「聽聽成功獨立創業的人怎麼說」就是通往成功最快的途徑。想考取任何資格證照也是一樣。當初我決定要考會計師執照的時候，也是讀了非常多成功考取執照的人的經驗。同樣的，一旦設定好目標，最快的方法就是向已經成功的人請教「成功的方法」。

因為，成功獨立創業的人通常都會知道成功的方法，也就是成功的答案。只要照著去做，成功的機率會非常高。

現在有些人會把自己的成功經驗公開在YouTube上，也有不少人會選擇出書分享。大家不妨可以先上網或找書來看。

至於我自己的成功經驗，我還是傾向盡量直接面對面分享。大家可以來參加我的演講和講座，或者，如果出版社有舉辦相關活動，也歡迎大家一起來參與。

其中效果最好的是小型讀書會，最理想的當然就是「一對一」直接聽我分享。

總結來說，如果想最快獲得成功，效果最好的方法依序是：

①一對一面談 ②小型面談 ③參加演講和講座 ④透過網路和書本學習

「一對一」或是「小型面談」，都有助於深入分享。

要注意的是，這時候如果只會問一些不明確的抽象問題，並無法得到有用的情報。例如「怎麼做才會成功？」。

提問必須盡量「具體」，對方才會願意分享。

所以在提問之前，最好多少已經知道自己想嘗試的方向，清楚自己要問的問題，並且將內容做具體的整理。

例如「你當初為什麼想創業？」「你為什麼想脫離上班族的生活？」。藉由像這樣明確地提問，對方才會願意分享賺錢的方法。

當初我決定要自己創業之後，曾經拜訪請教了三個人。

後來我就照著他們告訴我的方法去做，最後果然成功了。

從請教到最後成功創業，中間的時間其實非常短，差不多只有半年左右。

只不過，花多久時間才能成功，這一點完全得看當事人。

如果總是心有畏懼或保守，永遠不可能踏出第一步。要拋開這些「畏懼」和「保守」，一定要先清楚知道自己想創業的理由。

說得誇張一點，只要辭掉工作，提出「開業執照」申請，馬上就能創業，甚至花不到三天的時間，非常簡單。

想做就踏出第一步。如此而已。

無論是想考會計師執照，還是想成為頂尖業務員，或者是想學會一口流利的英文，甚至是創業，都有方法，有正確的作法。

只要照著去做，就會成功。問題只在於你是否真的能照著去實踐。

簡單來說就是，會不會成功，「由你自己決定」。

Point

先決定自己的方向，再去向人請教。

35

創業的第一步——市場測試

一般的上班族如果決定創業，在公司允許副業的情況下，不妨可以先做點市場測試。也就是開始經營副業，試試看自己是否真能賺到錢。

我從二〇一二年就開始為副業做準備，當時我還是個上班族。由於還在工作，所以副業並非做什麼都可以。我能做的只有「沒有時間限制」、「一個人就能做」的工作。

雖然最後結果還是要看做什麼，不過如果上班族想透過經營副業，最後獨立創業，從各個角度來看，網路事業都是個不錯的選擇。

大家都知道「事業賺錢的四大原則」：

①零庫存

②高獲利

③零初期投資

④穩定收入

以上符合愈多項，事業愈有可能順利成功。

以這四點來看，網路事業正好完全符合。

網路事業範圍非常大，包括商品販售、轉賣（個人的轉賣及商品販售事業）、聯盟行銷等。我自己選擇的是聯盟行銷，原因其實很簡單，就只是因為剛好看到相關的書籍介紹而已。

看完之後就覺得應該可以試試看。我一直很重視這種自己的直覺。

所謂聯盟行銷指的是一種代售方式，透過部落格或電子報等自己的網路媒體，介紹ASP（Affiliate Service Provider，聯盟行銷平台）上所登錄的商品，藉此賺取佣金。

二〇一二年十二月，我下定決心要辭掉工作自己創業。我先在東京的神樂坂租了一間工作室，每天早上六點到晚上九點先到會計師事務所上班，下班後到凌晨三點的這段時間就用來經營副業，為創業做準備。

我在十一月開始嘗試聯盟行銷，當月的收入只有兩萬日圓。

隔月十二月一口氣增加到二十萬日圓。

接著，我開始教大家如何透過聯盟行銷賺到二十萬。

到了隔年二月，我的副業收入還只有六十萬日圓。沒想到三月就創下四百五十七萬日圓的收入。

我的市場測試非常成功。**我知道自己終於能夠擁有金錢和時間上的自由，內心的解脫感簡直無以言喻**。

這裡有個問題，假如市場測試效果不如預期，最後沒有成功，我還會辭掉工作嗎？我想答案應該還是會。

我不僅要全心全意投入工作，下了班還要經營副業，一天只睡兩三個小時，相當辛苦。這麼做全都是因為我渴望擁有更多自由的時間。我相信就算當下沒有成果，不過只要有時間，遲早會成功。

當然，也有很多人可以兩者兼顧，不需要像我一樣辭掉工作。

各位只要好好思考自己想怎麼做就行了。

Point

如果是一面工作一面經營副業，網路事業是最有效率的選擇。

36

保險、房地產、教育……如果只有一個人，先考慮高收益的事業

如果是一人創業，並非只要是低單價的東西都可以。

例如拉麵。

以現在的社會來說，如果上班族想辭掉工作靠「某樣東西」賺錢，開拉麵店的效益並不好。

拉麵屬於低單價商品，靠的是薄利多銷。除非同時開兩三家或連鎖店，否則在獲利上很難成功。要一個辭掉工作的人，一下子拿出那麼多資金開店，未免不切實際。

不僅是包括拉麵店在內需要實體店鋪的事業，即便是網路事業，剛辭掉工作的人也很難在短時間內靠著「薄利多銷型事業」成功。

假如開拉麵店是從小到大的夢想，不管怎麼說都想嘗試，那倒另當別論，不妨就去試試看。

只不過以現實來說，**就看那些已經成功的人就好，很少是靠一般接受度高，也就是「一般人會買的東西」而致富**。

這些成功的人通常關注的焦點都是「一般人難得購買的東西」。

例如醫生。

一般的皮膚科和牙科等做保險診療範圍內治療的醫生，不僅工作聽起來好聽，很多人的收入也都比上班族來得好。

不過如果要說他們的收入有多好，其實並不然。

反而是做美容整形和牙齒矯正等自由診療的醫生，很多人收入都相當可觀。換言之，那些做昂貴且完全不在保險範圍內的診療的醫生，收入遠遠多於大家常找的醫生。

不只是醫生，獨立創業也是同樣道理。

與其賣平常大家都會買的東西，不如選擇一輩子只會買上幾次的商品，獲利才會高，效率才更好。

如果想快速賺錢，可以考慮「教育事業」

想獨立創業。想盡可能在短期內賺大錢。

換言之，**如果想「一個人＝（獨立）」盡早創業成功，卻還不知道要做什麼的話，可以考慮保險、房地產（房子）或教育事業。**

因為這些是人一輩子所買的東西當中，金額最高的前三項。

很多人都會買「保險」，固定繳費。甚至有人會貸款，一輩子至少買一間「房子」。

也有很多人都渴望追求知識，加上為了想學習知識以增加收入，大多會投入大筆預算在「教育」上。

問題是，這三項該選擇哪一個呢？

在決定辭掉工作「一個人」創業的時候，我就已經注意到教育事業了。我以「教人賺錢的方法」開啟我的學院事業。

這是因為，很多人對賺錢的方法都會感興趣，而且我也可以自己製作商品來販售。

我目前的收入主要靠的是學院事業，包括「商品販售」和「房地產」在內。學院不只提供知識和方法，我也會在學員的實踐過程中給予協助，同時也設立社團，讓大家彼此分享第一線的情報和問題煩惱。針對成功的學員，我也會協助大家組成團隊，一起合作開創事業。

具體來說，我在「商品販售」學院裡所傳授的內容，其實就是前面說過的，我在當上班族的時候所做的聯盟行銷（「房地產」部分後續將有詳細說明）。

聯盟行銷要成功，就必須讓更多人看到自己的網路文章。

要想做到這一點，文章的內容就必須是多數人會想看的主題。所以我第一個傳授的方法，就是寫作技巧。

我就是像這樣透過分享我的知識，並且在學員實踐的過程中給予指導，建立整套完整的教育系統。

如果想靠自己「一個人」成功，一定要選擇高單價的東西作為商品。

這是絕對的原則。

假使各位也想創業，可是卻不知道該怎麼做，我個人建議不妨可以考慮傳授知識的工作。

Point

想靠自己「一個人」事業成功，教育事業是最快的捷徑。

37

靠自己一個人
賺到三千萬之後，
接下來可以開始交朋友

自從辭掉會計師的工作以後，基本上我都是「一個人」面對自己的事業。到了第二年，我就遭遇到撞牆期，也就是「銷售額三千萬的高牆」。

只要認真努力，一個人要達到三千萬日圓的銷售額並不難。

這一點很多大老闆也都曾經說過。可見三千萬是每個人都能達到的門檻。

不過，接下來就開始停滯不前。當我在思考為什麼會這樣的時候，突然驚覺這一切都是因為「接下來的工作對我來說已經失去樂趣」。

我沒有結婚，自己一個人擁有三千萬的財富，在經濟上已經達到一定程度的寬裕。甚至擁有個人的自由時間。然而，工作對我來說卻漸漸失去樂趣。

於是我請教了一位大老闆，他告訴我：**「如果你想更成功，就不能只想到自己的成功，而是要有企圖心，讓身邊的人也都成功。這麼一來，要超越一億日圓就不成問題了。」**

這應該就是我「一人作戰」的轉換期了吧。

創業的第二年，我開始交朋友，和許多人建立關係。但不是那種整天鬼混在一起玩樂的朋友，而是一起工作的「事業夥伴」。

我抱著想讓對方成功、提高收入、找到工作意義的心情和這些人交朋友，結果不可思議的是，我的銷售額在瞬間就突破了一億日圓。

不僅如此，帶給人成功的喜悅簡直難以言喻，也讓我重新找回工作的樂趣。

「一人作戰」的進化版戰略：以眾人為前提的一人作戰

要想達到一定程度的成功，重點在於以「自己」為出發點去思考和行動。一個人全力以赴，突破難關。但是，如果想再更進一步成功，就必須要想到「他人」。

亞當・格蘭特（Adam Grant）是全美第一商學院——賓州大學華頓商學院最年輕的終身教授。他把生意人分為以下三種：

- **給予者（Giver）：不吝給予的人**
- **索取者（Taker）：以自我利益為優先的人**
- **互利者（Matcher）：考量得失的人**

以這個理論再回頭去看，我自己在準備會計師考試的時候，完全就是個索取者。一心只想到自己一定要考上，所以完全不管大學課堂的小組發表，甚至有時為此和同學起爭執。

換言之，我根本不是個「好同學」。就某種意義上來說，我不但自私，而且連父親的話都不聽，一心只想著自己想做的事，簡直是索取者中的索取者。不過即便如此，最後我還是達到了某種程度的成功。

所以也可以說，要想達到一定程度的成功，這麼做反而可以更快達到目的。

不過，後來踏入社會之後，我發現這種想法已經無法讓我繼續成長。

因為一般人出了社會之後，大多已經具備基本常識，以自我為中心可是行不通的（笑）。於是我開始有了公平互利的觀念，認為有所收取就必須相對給予，變成一個互利者。

就這樣，後來我開始創業，緊接著又遇到另一道阻礙——「三千萬日圓的高牆」，事業遲遲無法更上一層樓。

就是在這個時候，我才從上述那位六十幾歲的老前輩身上學到「必須站在給予者的角度思考」的道理。

我的「一人作戰」就是這樣配合不同階段，一路不斷改變、演化。

重點在於即使我在人際關係上的態度，也仍舊堅持不依賴他人，不與人鬼混，繼續保持「獨立自主個體的心態」。

各位如果在創業的過程中遭遇撞牆期，不妨換個想法。

先試著交朋友，讓自己從索取者變成給予者的角度去思考，最後將會得到驚人的結果。

因為，讓身邊的人成功、有所成長，連帶地自己也會獲得成長。

Point

在工作上遇到瓶頸的時候，就換個角度從「給予者」去思考吧。

38

和有能力的「一個人」建立關係，收益將直線攀升

靠自己不斷達成目標，做出一定的成果之後，自然會吸引來許多同樣擁有遠大抱負的「一個人」。

有了這些抱負遠大的人不遺餘力的合作，對收益會帶來快速的成長。

我在創業的第三年，年銷售額終於突破一億日圓。之後，我開始和一些擁有遠大抱負、「有能力的人」合作。

要怎麼做才能和抱負遠大、「有能力的人」合作呢？

以我的公司來說，我並沒有刊登求職廣告尋找「有能力的人」。

我的方法就如同前一章提到的，**藉由培訓和學院的課程，把「想賺錢」卻沒有技能的人，培養成「有能力的人」，然後再找對方一起共事。**

舉例來說，在培育業務員方面，我會邀請在保險業和房仲業成績斐然的銷售冠軍來擔任學院課程的講師，針對當業務員的基礎和觀念，一一從頭仔細傳授給學員，培養他們的能力。

等到課程結束之後，對於一些具備熱情、耐心和謙虛，並且想跟我們一起打拚事業的人，我們也會邀請對方成為事業夥伴。由於大家都是一同學習，對於工作方針也都具備共識，所以合作關係相當良好，各團隊也都十分團結。以結果來說，通常都會帶來正面的效益。

如今我的事業版圖包括許多不同的企劃，例如房地產投資、網路商品販售、虛擬貨幣等等。每一種內容型態的團隊都約為十人，全部共有約二十組團隊。

這些人都是獨立的團隊，並不是我的員工。

他們每個人也都有自己不同的工作，有人是上班族，有人是自由業，甚至也有家庭主婦，真的是什麼人都有。

每一個團隊每天都會由小組負責人透過網路或社群媒體召開會議，大家一起交換情報。我則是負責整體運作的規劃，和每個團隊負責人之間屬於事業夥伴的關係。

包括商品提供和業務活動在內，我會和優秀的外包商或事業夥伴一起合作，共同創造業績，再從中賺取顧問費。

彼此追求事業的心態一致，但絕非一同玩樂的關係

這些人也都是堅忍克己的人。

由於在擁有一定程度的成功之後，就會吸引來同樣目標遠大的人，所以大家彼此的價值觀都很相近。

這個由同樣都擁有遠大抱負的人所組成的團隊，行動力自然也不容小覷。一旦結合大家的力量，所產生的相乘作用可以說相當驚人。

不過，大家雖然在心態上具備共識，但絕對不會整天鬼混在一起。因為，在事業上並不需要多親密的關係。

我們雖然偶爾會透過LINE或電子郵件聊天，也經常聚餐，不過大家對彼此的時間都保持尊重的態度。我們努力營造一個感情良好，合作愉快，但各自擁有興趣的關係。

當然，我們也有共同的價值觀和目標。

大家會一起朝著目標努力。

例如我曾經立下目標要寫一本百萬暢銷書。

因為我想盡其所能地幫助一百萬個人改變人生。

然而，在出版業蕭條的現在，就連十萬本的銷量都很難達到，更別說百萬暢銷書根本可以稱得上是奇蹟了。

於是我改變計畫，決定要寫一百本書，每一本都要賣到一萬冊以上。

一萬冊X一百本＝一百萬冊

一百萬冊X一本＝一百萬冊

結果是一樣的。

現在，我每個月都會出版新書。為此我找來了許多專業的出版人，組成了一個出版計畫的團隊。

團隊裡的所有人都朝著「一百萬冊」的目標在努力。

只要遇到問題，大家就一起思考，討論如何解決，並且付諸行動。

眾多「一個人」所呈現的相乘效果將不可計量

我所規劃的房地產業務團隊，同樣運作得相當順利，業績不斷攀升。以團隊的運作方式來說，十個人當中，只要其中一人順利賣出房子，所賺的錢一半歸當事人所有，三成平分給其餘的九個人。剩下的兩成則屬於我的公司。房子屬於高單價商品，因此每個人平均每個月都可以拿到五十萬日圓以上。因為獲利相當高，所以幾乎沒有人會離開團隊。大家甚至會為了提升業績而舉辦讀書會，一起切磋琢磨。

由於每個人的實力都相當優秀，因此整個團隊所呈現的相乘效果十分驚人。

在一般的公司企業當中，即便每個員工都很有能力，共同創下亮眼的獲利，但是這些最後大部分全都進了公司的口袋，而不是底下努力的員工。

至於我所規劃的「團隊合作組織」的魅力就在於，使每個成員的努力產生相乘效果，以提高獲利。而且這些獲利，會直接回饋給每個成員。像這樣不必靠公司企業，而是靠組織就能工作賺錢，或許也是網路社會才有的魅力吧。

Point

當個擁有遠大抱負，「有能力的人」。

39

專心於自己的喜好，自然會忽略周遭的一切

在念書和剛踏入社會的時候，總是會先考慮到「玩樂」，忍不住想跟朋友一起出去玩。這是一般人的情況。

但是就像我說的，我在重考和念大學的時候，幾乎從來不在意同學們在做什麼，一心只想著要專心準備眼前會計師考試。

為什麼我可以辦得到呢？

原因是因為，我有想要挑戰的夢想。

那個夢想就是，我要在大三之前考取會計師執照，畢業後先暫時當個上班族，接著再自己創業，並且在一年之內做出成果。

為了實現夢想，我整天忙著補習班的課業，還有成堆的書等著我去念。

我根本沒有時間去注意到周遭的事。

之所以說我「幾乎從來不在意」是因為，有時候我也會好奇大學生都過著什麼樣的生活，所以偶爾會問同學平時都在做什麼。

同學會告訴我：「就騎車到處兜風、喝酒聚餐、參加社團，有時候來上課露個臉之類的吧。夏天也滿常去海邊或旅行的。」

「是這樣喔。」我說，心想大學生做的事還真有趣，簡直像是另一個世界的人一樣。

因為我自己每天就是到補習班上課，重心完全擺在準備會計師考試上。補習班裡那些和我一樣目標考上會計師執照的人，就我所知，沒有人會去海邊玩。縱使京都有很多祭典活動如祇園祭、葵祭、時代祭等，不過大家也不會特地去參加。

所以聽到同學們這麼說，我並不會覺得羨慕或想參與。

反而覺得：「與其跟大家去海邊，不如自己在家練習考古題。」

我的情況只是剛好想考取執照和創業而已。

事實上，不管做什麼都行。

找出自己想做的事，或是可以讓自己熱衷的事，然後全心全意去挑戰。

這麼一來就不會在意周遭的事，反而可以全神貫注。

人在專注於眼前的目標時，自然會湧現一股強大的力量。

這種狀態以運動來說叫做「進入無我的境界」。一旦進入無我，周遭的一切自然會消失看不見。

除非是自己決定的夢想和目標，否則很難進入這種無我的境界，沉迷於其中。

當然，假使是聽從他人的建議，不過自己也認同，那倒無妨。

只不過，如果是「別人說什麼就做什麼」，最後很容易會成為自己的藉口。例如「是○○○叫我做我才做的，現在失敗了，一切都是他的錯」。

唯有發自內心想做的事，做起來才會開心。而且就算失敗，也會坦然接受事實。

Point

以發自內心想做的事為目標去努力。

40

上班族更需要「一人作戰」，培養不輸ＡＩ的能力

美國亞馬遜公司成立了所謂的無人超商，引發一股討論的熱潮。顧客走進超商，挑選完商品放入袋子後，就能直接離開，一切採自動化結帳，完全不需要人工收銀。

這一切全靠搭載ＡＩ功能的照相機和感測器自動辨識顧客買了哪些商品。

最近這種ＡＩ運用的新聞時有所聞，科技每天都不斷令人驚喜。

據說再過十到二十年，日本的勞動人口將只剩下五成，其餘的全部都會被ＡＩ取代（二〇一五年的推測）。

目前社會結構正面臨大幅改變，人類的工作正在漸漸減少當中。

大企業也相繼爆發醜聞，沒有人知道公司這種組織會出現何種轉變。

以一般的上班族來說，不論將來是否想獨自創業，最好都要培養自己隨時可獨立的能力與技能和思維。

就如同我前面說過的，唯有主動出擊，才有辦法守得住。

為了保護自己，務必先培養即便是「一個人」也辦得到的能力。換言之，我們必須養成不輸給ＡＩ的自我防護能力。

這可以說是在如今這個時代活下去的最強戰略。

只要具備一個人也辦得到的能力，萬一發生任何情況，都能不慌不亂地迅速做出應對。即便是想獨立創業，也能立刻辦到。

我認為創業是最好的選擇。

只不過，我並不建議每個人都這麼做。

如果已經在公司中找到努力的目標，每天都能感受到自我成長，或是對目前的生活感到滿意，大可不必勉強自己一定要辭掉工作去創業。

那麼，哪一種人適合辭去工作獨立創業呢？

舉例來說，有下列幾種念頭的人就非常適合。

「對目前的工作本身感到厭倦」

「目前的主管沒有一個值得成為自己將來的目標」

「在目前的公司待得不開心」

「缺乏想培養的能力」

「找不到目標」

也就是說，**如果覺得繼續待在現在的地方沒有「好處」，或者沒有「自己想追求的東西」，就沒有意義逼自己繼續待下去**。

雖然說想達成目標必須具備耐心，不過對於自己沒有熱情的領域，實在沒有必要浪費自己的耐心。

感到迷惘時的兩大思考方向

當初我在猶豫不知道該不該辭掉工作的時候，前輩給了我一些建議，要我以自己當時的主管為對象去思考兩件事：

「自己是否十年後還願意跟這個主管一起工作？」

「自己將來是否想變成跟他一樣？」

根據前輩的說法，假使符合這兩點，大可一輩子繼續待在當下的工作環境中。

我想了很久，當時的主管是個非常值得尊敬的人，工作能力也非常好。

只不過，如果問我想不想變成和他一樣，答案是否定的。至於以後還願不願意和他一起工作，答案同樣也是否定的。

原因並非我討厭那位主管，我只是單純不喜歡一直待在同一個地方工作，也不喜歡一直和同一個人保持關係。

再加上我渴望投身這個充滿未知的世界去接受各種挑戰，所以，最後我還是決定辭掉工作。

因為沒有必要繼續待在自己沒有熱情的崗位上。

以一般上班族來說，如果在公司內想遠離人群獨自工作，或者想嘗試自己的事業，又該怎麼做呢？

根據每家公司的狀況不同，在某些公司裡假使過於孤僻，很可能會被認為是不合群。

所以重要的是要做出成果，建立自己的地位。

只要持續交出漂亮的成績單，基本上就算不合群，也不會有人說閒話。說不定反而會受到尊敬和信賴。

如果在組織內既沒有成績，又堅持「一個人」，處境可以說十分嚴峻。

我在剛進公司的時候也很配合大家。

不過當我決定要創業之後，除了做好分內的工作以外，我完全不在意大家，也不和大家聚餐喝酒，每天做完自己的工作之後就早早下班回家。

就這樣一直堅持我自己的態度。

即便如此，公司對我的評價也沒有因此變差。這應該是因為我都有完成該做的工作，也確實做出成果吧。

在企業中培養自己隨時都能「一個人」辦到的能力。

在企業中遠離大家，堅守自己的原則。

辭掉工作，獨立創業。

每一種作法都可行。各位不妨從中找出自己最適合的「一人作戰」。

Point

如果想在公司內當個獨善其身的人，務必持續交出確實的成果來。

41

一個人
就可以做自己想做的事，
而那就是真正的幸福

各位覺得幸福是什麼？

擁有財富就算幸福嗎？

我不這麼認為。

在會計師事務所工作的那段日子，偶爾我會回三重縣的老家。只要回去，我都會去拜訪高中管樂隊的前輩。十八、九歲就結婚的他，現在已經有兩個孩子了。工作就在老家當地的工廠，生活感覺並非十分寬裕。

不過，他看起來相當幸福，孩子們也都玩得很開心。

那時候我心想，這種生活方式，也算是一種幸福呢。

當然，當時我還沒有想到要創業，所以並沒有刻意想選擇這種生活。

說到幸福，每個人都有不同的答案。

我認為就算沒有錢，「只要可以做自己想做的事就是幸福」。

不管身邊的人怎麼想，不管社會如何評價，不管有沒有頭銜，

最重要的只有「自己想不想做」。

如果重視自己想做的感覺，希望能夠達成，並且做出成果來，那麼「一個人」會方便許多。

如同前面說過的，一旦做出一定的成果之後，就可以開始交朋友。只不過，在漫長的人生當中，還是不可避免有時候必須靠自己「一個人」努力。

已故藝術家岡本太郎曾經說過：「藝術、哲學、思想等，都是孤獨之下的果實。」

追求極致的人，基本上都是孤獨的。

到頭來，沒有人可以一面跟大家玩樂，同時成為一流。

藝術家也好，棒球選手、壽司師傅，甚至是高爾夫球選手或創業家也好，他們真正面對的不是他人，而是自己。

必須先面對自己的內心，做自己真正想做的事，追求更高的層次。

唯有這樣，才有辦法培養自己獨特的能力。

各位想把人生寶貴的時間，用來做什麼真正想做的事情呢？
找出那個答案，開始踏上充滿生命力的人生吧。
一個人的話，應該就可以自在地踏出第一步。

Point

一個人踏出通往夢想目標的第一步。

- 對現狀感到猶豫，就是改變的最好時機，勇敢地採取行動吧。
- 一旦決心獨立創業，先向這條路上的成功者請教方向，並且老老實實地付諸實踐。
- 如果想從事網路事業，先透過市場測試自己的能力。
- 成長遇到阻礙時，不妨改從「給予者」的角度去思考。
- 找到自己真正想做的事，然後「一個人」勇敢踏出第一步。

你其實不需要「朋友」

自從獨立創業到現在已經過了五年了。

我的公司現在仍然沒有員工，年銷售額卻高達十億日圓。對我來說，這還不算什麼，我還想繼續改變，繼續挑戰新的事物。

不過另一方面，大家卻都說我「很厲害」、「擁有成功的事業」、「是人生勝利組」。

假如這樣就算成功，那麼原因之一絕對是我在做出成果之前，始終都是「一個人」。

這一路走來，我不交朋友，不玩樂，也不參加任何跨業交流活動，只是全心全意地不斷進修，全心全意地投入工作。

包括大學重考的兩年。

準備會計師執照考試的大學四年。

決心創業後一直到事業步上軌道的兩年。

合計這八年的時間內，我幾乎都是「一個人」走過來的。

如今我雖然有事業夥伴，不過基本上仍然沒有雇用任何員工，工作全靠自己一個人。

前述內容中也有提到，現今ＡＩ科技進步，許多工作都已經被機器人取而代之。就連大企業也相繼爆發意外的醜聞，讓人無法預測將來。

因此，現在正是重新檢討「靠企業維生」的時候了。

我的意思並非要各位都辭掉上班族的工作。

而是我認為，就算繼續待在企業裡，最好也要培養自我保護的能力，也就是「一個人也能活下去的能力」。

當然，假使各位有想做的事，我絕對贊成你勇敢辭掉工作，挑戰自己獨立創業。

開始永遠「不嫌晚」

各位如果想培養靠自己維生的能力，和身邊的人拉開差距，任何時候開始都不嫌晚。

只不過，三十歲之前的行動，會決定三十歲之後九成的結果。四十歲之前的行動，也會決定四十歲之後九成的結果。

雖然幾歲開始都可以，但是如果想盡早成功，最好現在就立刻踏出第一步。

這麼一來，你會比身邊的多數人爬得還要高。

要說這世上是否每個人都很認真念書、認真學習、對將來抱持上進心，答案絕非如此。

例如執業會計師，一般來說很多都是非常專業且十分優秀的人。但是要說這些人是不是都很努力地朝下一個目標行動，其實並不然。

大部分的人每天都只是一如往常地默默工作罷了。

因此，只要決定要自己一個人跳脫這種生活，隨時開始都不嫌晚。

什麼「我已經過了三十五歲了，太遲了」，或是「我已經年過四十了，來不及了」，完全沒有這回事。

看完日本私人健身中心RIZAP的廣告，相信很多人都會覺得，不管現在自己幾歲，隨時都可以開始鍛鍊身體。追求目標，永遠都不嫌晚。

雖然不必跟身邊的人比較，不過如果大家都沒有在做，只有自己「一個人」認真努力，最後一定可以看得出差距。

踏上自己真正的夢想人生

在追求目標的時候，最重要的是別把一切想得太難。

有時候看電視會覺得，很多人明明能力沒有特別出眾，為什麼會大受歡迎？例如歌唱得不怎麼樣的歌手，只會耍老梗的搞笑藝人，經常吃螺絲的主播等。

我的意思並非要指責這些人，而是看到他們，自己也會得到力量，相信「我也做得到！」。

別把事情想得太嚴重，用輕鬆的態度去面對，才有辦法往前邁進。

想得太困難會導致無法踏出第一步，所以不妨就放輕鬆吧。

雖然不必把事情想得太難，不過在成功之前，切記一定要嚴格要求自己。

既然是站在和大家一樣的起跑點，往上追求更好的目標，如果只是做和大家一樣的事，當然不可能勝出。

如果只是「和大家一樣」，最後只會變成「和大家一樣的自己」。

一定要鼓起勇氣斷絕過度親密、會不自覺浪費時間在一起的關係，開始踏上自己真正夢想的人生。

或許一開始並不輕鬆。

不過，現在好好「一個人」努力，至少在十年後，一定可以走在夢想的人生道路上。

就像我一樣。

金川顯教

一個人,更能活出自己的夢想人生 / 金川顯教作 ; 賴郁婷譯.
-- 初版. -- 臺北市 : 春天出版國際文化有限公司, 2022.08
面 ;　公分. -- (Progress ; 22)
譯自 : ひとりでも、君は生きていける。
ISBN 978-957-741-565-3(平裝)
1.CST: 自我實現 2.CST: 生活指導

177.2　　111010512

一個人，更能活出自己的夢想人生。

ひとりでも、君は生きていける。

Progress 22

作　　者◎金川顯教
譯　　者◎賴郁婷
總 編 輯◎莊宜勳
主　　編◎鍾靈
出 版 者◎春天出版國際文化有限公司
地　　址◎台北市大安區忠孝東路4段303號4樓之1
電　　話◎02-7733-4070
傳　　真◎02-7733-4069
E－mail◎frank.spring@msa.hinet.net
網　　址◎http://www.bookspring.com.tw
部 落 格◎http://blog.pixnet.net/bookspring
郵政帳號◎19705538
戶　　名◎春天出版國際文化有限公司
法律顧問◎蕭顯忠律師事務所
出版日期◎二〇二二年八月初版
定　　價◎299元

總 經 銷◎楨德圖書事業有限公司
地　　址◎新北市新店區中興路2段196號8樓
電　　話◎02-8919-3186
傳　　真◎02-8914-5524
香港總代理◎一代匯集
地　　址◎九龍旺角塘尾道64號 龍駒企業大廈10 B&D室
電　　話◎852-2783-8102
傳　　真◎852-2396-0050

ISBN 978-957-741-565-3